Teoria da sedução generalizada e arte

Fábio Belo e Pedro Teixeira (orgs.)

ISBN: 978-65-00-60618-8

Teoria da sedução generalizada e arte

Fábio Belo e Pedro Teixeira (orgs.)

1ª. edição *2023*

Grafia atualizada segundo o Acordo Ortográfico da Língua Portuguesa de 1990, que entrou em vigor no Brasil em 2009.

Capa: Gustavo Assis

Imagem da capa: Auch die Sorge einer Mutter für ihr Kind ist Wollust (Even the Concern of a Mother for Her Child is Sensual), (1789), gravura de Daniel Nikolaus Chodowiecki

Revisão: Gustavo Assis


```
Teoria da sedução generalizada e arte [livro
   eletrônico] / organização Fábio Belo,
   Pedro Teixeira. -- Belo Horizonte, MG :
   KDP, 2023.
   E-book.

   Bibliografia.
   ISBN   978-65-00-60618-8

   1. Laplance, Jean, 1924-2012 - Crítica e
interpretação 2. Psicanálise e arte 3. Sedução -
Aspectos psicológicos I. Belo, Fábio. II. Teixeira,
Pedro.
```

23-141904   CDD-150.195

Dados Internacionais de Catalogação na Publicação (CIP)
(Câmara Brasileira do Livro, SP, Brasil)

Índices para catálogo sistemático:

1. Psicanálise e arte   150.195

Aline Graziele Benitez - Bibliotecária - CRB-1/3129

ÍNDICE

ÍNDICE

PREFÁCIO

Fábio Belo e Pedro Teixeira

Este livro nasce a partir de uma disciplina ministrada no Programa de Pós-Graduação em Psicologia da Universidade Federal de Minas Gerais, de maio a agosto de 2021, na modalidade de ensino remoto emergencial, devido a pandemia do COVID-19. A disciplina foi ministrada pelo Prof. Dr. Fábio Belo e tinha o objetivo de apresentar aos alunos leituras que correlacionaram psicanálise e arte apoiados na teoria da sedução generalizada, de Jean Laplanche. A partir dos trabalhos finais entregues por cada aluno, cuja proposta envolvia a articulação de algum tipo de fenômeno artístico ou cultural, à teoria da sedução generalizada, propomos reunir esses trabalhos em um livro, com o intuito de tornar público os produtos da disciplina e ofertar um espaço de publicação para os alunos. Optamos por não realizar uma seleção dos textos, para que todos alunos que se interessassem na publicação tivessem um espaço assegurado. E decidimos por não modificar diretamente o conteúdo dos textos, priorizando sugestões e comentários, sejam de alterações teóricas ou estilísticas, dando liberdade aos autores acatarem ou não tais sugestões. Assim, o conteúdo de cada um dos capítulos, mantém uma certa maneira dos respectivos autores se relacionarem com a teoria e com a escrita.

Como se sabe, Laplanche se interessou pelo tema da sublimação ao longo de toda sua obra, deixando importantes contribuições e temas a serem desenvolvidos. O artigo que abre o livro, "Inspiração, sublimação e transferência na obra de Jean Laplanche", de Pedro Teixeira e Fábio Belo, é parte da dissertação de mestrado, defendido em 25 de agosto de 2022, de Pedro Teixeira, no Programa de Pós-

Graduação em Psicologia, na UFMG. Neste artigo, temos um resumo crítico das principais teses de Laplanche sobre a sublimação e a inspiração.

Os quatro outros artigos que compõem a primeira parte são de autoria de Fábio Belo e abordam aspectos específicos da problemática da sublimação em Laplanche. No primeiro deles, "Trauma e sublimação em Ferenczi e Laplanche: uma breve leitura de Herta Müller", o autor faz dialogar Ferenczi e Laplanche e propõe interpretações sobre a obra literária de Herta Müller. No segundo artigo, "Histeria e tradução: de Anna O. a Bertha Pappenheim", Belo traz, pela primeira vez ao público brasileiro, interpretações da obra literária de Bertha Pappenheim. O terceiro artigo, sobre "O extremo na arte", analisa algumas obras de arte, em especial as de Stelarc, para desenvolver a relação entre o masoquismo originário e algumas performances artísticas. Finalmente, em "Pulsão, dor e autolesão", o autor pensa no grave sintoma da autolesão a partir do Laplanche e se vale do curta-metragem de Gabriela Ribeiro - a quem agradecemos mais uma vez pela gentil licença de publicar imagens de seu filme - para desenvolver mais teses sobre a sublimação a partir da teoria da sedução generalizada.

A segunda parte do livro reúne artigos de graduandos(as) e pós-graduandos(as) em Psicologia (UFMG). Acreditamos que os textos que compõem a segunda parte darão ao leitor material suficiente para compreender tanto o método de análise proposto por Laplanche, quanto às principais teses sobre a sublimação a partir de sua teoria.

Começamos com o artigo de Christian Gonçalves que aborda o tema da repetição a partir da obra de Yayoi Kusama. As obras de arte - esculturas, principalmente - seriam um modo de simbolização do traumático? Essa é uma das principais teses colocadas a trabalhar,em diversos artigos do livro. Como no texto de Larissa Leite, sobre a "Casa da Árvore / Casa do saber", uma biblioteca ao ar livre idealizada por um morador de rua, Klinger Douglas e no texto de Débora Muller, sobre a artista Frida Kahlo

O texto de Larric Malacarne analisa poemas publicados pelo próprio autor, retomando as teses laplancheanas sobre a sublimação e inspiração, para articular a teoria tradutiva e a prática clínica. Elizielly Martins, toma como objeto de análise as canções de Elza Soares e propõe que as músicas da cantora cumpririam um papel de auxílio à tradução, simbolização, de mensagens enigmáticas que lhe foram endereçadas.

Diego Rodrigues toma a obra de Andy Warhol como objeto de

análise e lança a hipótese de que a recepção da obra de arte se articula ao que Laplanche denomina assistentes de tradução. Finalmente, em mais um percurso pela literatura, o artigo de Ana Serpa fecha nosso livro fazendo uma leitura do canto das sereias, em especial a partir de Kafka.

Esperamos que com os artigos aqui reunidos os leitores e as leitoras tenham acesso didático e facilitado ao ensino de Jean Laplanche. O tema da sublimação talvez seja um dos melhores exemplos de seu método de "fazer trabalhar" um conceito, problematizando-o analiticamente. Duas consequências fundamentais dessa empreitada: podemos dizer que Laplanche ressexualiza a sublimação e traz a alteridade para o circuito da criatividade, recuperando a noção de inspiração. Nosso objetivo é que as leitoras e os leitores entendam bem essa interpretação do conceito e suas articulações com a Teoria da Sedução Generalizada. Que a leitura dos textos as(os) inspirem!

PARTE I

INSPIRAÇÃO, SUBLIMAÇÃO E TRANSFERÊNCIA NA OBRA DE JEAN LAPLANCHE

Pedro Teixeira de Almeida e Fábio Belo

O objetivo deste trabalho é articular as noções de sublimação e inspiração aos principais desdobramentos teórico-clínicos de Laplanche sobre a transferência: as noções de transcendência da transferência e de transferência da transferência.

Quais os critérios para se dizer "isto é análise" ou "isto não é análise"? O que há de específico na situação analítica? Haveria alguma relação inter-humana com caráter especificamente analítico? Para respondermos a essas perguntas, não adiantaria evocar certos conceitos, como *setting*, interpretação, transferência, uma vez que as relações de fala, as transferências e as interpretações estão fora da análise e historicamente antes da análise (Laplanche, 1987/1993).

Há um esforço na teorização de Jean Laplanche para costurar a metapsicologia e a clínica, de maneira que esses elementos não poderiam ser tomados como separados. Não haveria uma pura-observação clínica, a qual seria seguida de construções teóricas que validassem as intervenções realizadas, e nem mesmo uma mera aplicação técnica de certas concepções teóricas adaptadas à individualidade do caso a caso. Na constituição mesma de certo espaço-analítico, materializa-se uma concepção de homem e de como ele se constitui. O inovador da análise é o seu método, e esse método, bem como sua transposição em técnica analítica, que está intimamente conectado a uma concepção do que seria a constituição do psiquismo e de certa teoria das pulsões. (Laplanche, 1987/1993).

UMA TEORIA DAS PULSÕES

Laplanche interpreta os dois dualismos pulsionais de Freud (pulsões de autoconservação em conflito com as pulsões sexuais e pulsões de vida em conflito com as pulsões de morte) não necessariamente como uma ruptura, sendo a virada de 1920 (Freud, 1920) uma substituição da primeira teoria das pulsões, mas em continuidade. Para o autor, "... a primeira teoria das pulsões continua virtualmente presente na segunda." (Laplanche, 1999/2017, p. 40).

De um lado, teríamos a autoconservação, regida pelo princípio da homeostase, cuja meta é o apaziguamento da tensão realizando uma necessidade. Quer dizer, podemos nos perguntar se, no caso da autoconservação, tratar-se-ia de uma pulsão, uma vez que seus objetos são mais ou menos fixos e visam realizar uma necessidade. De outro lado, teríamos a sexualidade subdividida em pulsões sexuais de vida e pulsões sexuais de morte[1], cuja meta seria a descarga de tensão ao nível zero e teria como energia a libido, em dois modos de circulação, energia ligada, em estase, e energia desligada, em livre circulação. (Laplanche, 1980/1989).

A sexualidade teria uma relação de derivação com a autoconservação. Ela se *apoia* em sua gênese, nos interesses autoconservativos. Tomemos a oralidade como exemplo: do lado autoconservativo, o bebê sente o desprazer da fome, chora e reestabelece o equilíbrio pela saciedade do leite, oferecido por um outro. Apoiando-se nessa necessidade vital e pelos cuidados ofertados por esse outro, surge aí um prazer que vai além da saciedade, não é mais o sugar, mas o chupar, rítmico, repetitivo, que será reencontrado depois no próprio corpo, no ato de chupar o dedo, sem finalidade do ponto de vista da meta, a fonte e o objeto se confundem. O modo de funcionamento sexual, em sua origem, apoia-se em funções autoconservativas e se deriva delas, ou seja, a linha de tangência entre os dois é o apoio. Nessa tangência, "... há produção ou reprodução do sexual. Produção do sexual a partir dos acontecimentos ou processos situados na infância, mas igualmente produção ou desencadeamento do sexual a partir da vida diurna, em se tratando do modelo do sonho" (Laplanche, 1987/1993, pp. 131-130).

Entender essa divisão na clínica é fundamental, pois o psicanalista pode tomar os comportamentos mais autoconservativos, por seu valor sexual, não reduzindo, assim, como afirma Laplanche, por exemplo, uma discussão sobre o atraso à sessão a um debate sobre os horários do trem (Laplanche, 1987/1992). Antes de avançarmos na discussão sobre a transferência em Laplanche, cabe retomarmos a teoria da sedução generalizada.

CONSTITUIÇÃO DO PSIQUISMO

Em seu percurso, Laplanche busca retomar a teoria psicanalítica em sua radicalidade copernicana[2], utilizando o método psicanalítico – atenção equiflutuante e equidistante de todos os elementos do discurso. Após um expurgo dos recursos biológicos, filogenéticos e mitológicos utilizados por Freud, Laplanche busca um ponto de partida essencial na alvorada da nossa existência, a situação antropológica fundamental. Ao nascer, o bebê se encontra em uma situação de extremo desamparo, convocando, necessariamente, presença implicada de uma alteridade em seus momentos mais primitivos, para que a sua constituição se dê de forma continuada e bem-sucedida. (Laplanche, 1987/1992).

Esses cuidados fundamentais, tão necessários para a sobrevivência do pequeno indivíduo biopsíquico, vêm, necessariamente, de um adulto, já atravessado por fantasias e desejos inconscientes. Ou seja, no cuidado geral endereçado à criança, o adulto, inconscientemente, veicula mensagens sexuais enigmáticas que exigem da criança um trabalho de apropriação e tradução. Nessa situação antropológica fundamental, a criança ainda não possui um aparato de tradução, isto é, um Eu capaz de metabolizar o que lhe é endereçado por parte do outro. Aos poucos, no entanto, via processos identificatórios complexos (Ribeiro, 2000), o Eu da criança vai se constituindo e um processo de cisão começa a acontecer. De um lado, permanecem os conteúdos das mensagens que conseguiram ser integrados e traduzidos; de outro, os restos de mensagens não traduzidas. A primeira parte forma o eu; a segunda, o isso. A separação radical entre esses dois campos é um processo constitutivo, o recalcamento originário (Laplanche, 1987/1992).

Gostaria de destacar pelo menos dois aspectos importantes da teoria da sedução generalizada:

1) o aspecto tradutivo: o bebê, em sua situação de passividade radical que necessita de cuidado, é bombardeado por mensagens enigmáticas do adulto, que ele precisa traduzir, sempre com o aporte do adulto cuidador e códigos culturais. A categoria de mensagem desloca a tônica de um inconsciente estruturado como uma linguagem, que teria como conteúdo significantes verbais "... podemos pensar que os significantes verbais, no inconsciente, extraído da situação de comunicação enigmática que foram percebidos na infância, não possuem neles próprios nenhum primado em relação a outros significantes, a elementos da comunicação não-verbal." (Laplanche, 1987/1993, p. 100).

2) o aspecto tópico: a formação do inconsciente e a separação da tópica se dão pelo processo de recalcamento originário, há sempre algo que se perde na tradução

da mensagem enigmática do outro. O núcleo duro do inconsciente, então, não é da ordem biológica, mas do enigma, constituído pelo outro, a partir dessa alteridade radical e atacante.

O MÉTODO EM CONTINUIDADE COM A TEORIA

Em 1923, Freud reafirmou o caráter extraordinário de seu método, que, inicialmente, definiu o que é psicanálise, sendo a clínica e a teoria suas implicações.

Psicanálise é o nome de (1) um procedimento para a investigação de processos mentais que são quase inacessíveis por qualquer outro modo, (2) um método (baseado nessa investigação) para o tratamento de distúrbios neuróticos e (3) uma coleção de informações psicológicas obtidas ao longo dessas linhas, e que gradualmente se acumula numa nova disciplina científica. (Freud, 1923, p. 136).

Laplanche (2007/2015) considera que esse procedimento de investigação, o método psicanalítico, seria a grande invenção freudiana, que surge para dar conta desse outro domínio da realidade, mais ou menos inacessível de outros modos. Não seria um mero acaso que Freud (já em 1923) o coloca em primeiro lugar em sua definição, pois é por meio do método psicanalítico que conseguimos, por um lado, vencer as resistências que impedem o acesso ao material reprimido e, por outro lado, desfazer as formações de compromisso. Isso permite que elementos inconscientes possam ser apreendidos e que algo da energia que estava ligada possa ser liberado, permitindo novas sínteses. "O método é, pois, associativo-dissociativo e visa vencer barreiras defensivas para liberar o elemento recalcado dessa construção patológica do sintoma, a fim de que ele possa dar lugar a novas construções, menos sintomáticas" (Tarelho, 2017, p. 38).

O método, atuaria, então, em duas direções diferentes, que encontram sua correspondência na teoria das pulsões de

Laplanche. Por um lado, temos a análise propriamente dita: que atuaria como a pulsão sexual de morte, desconstruindo, desfazendo, desligando certas sínteses egoicas (Laplanche, 1993). Por outro lado, há o trabalho de síntese, produção de novas traduções, simbolizações e ligações, trabalho da pulsão sexual de vida, desempenhado pelo Eu do analisando (Laplanche, 1993).

Laplanche (1993) propõe três funções ao analista: analista como garantidor da constância; analista como piloto do método; e analista como guardião do enigma e provocador de transferência. As duas primeiras funções estão imbricadas. O método tem uma finalidade de decomposição, dissolução do eu, e sua pilotagem se refere às regras obedecidas, aquelas referentes ao processo primário. O analista seria aquele que põe em marcha um desligamento, sendo a pulsão sexual de morte o modelo do ato propriamente analítico. Em contrapartida a esse desligamento, o analista se oferece como presença constante, como garantidor da constância. Laplanche (1987/1993) usa diversas metáforas para explicar essa constância, dentre elas, a de um cíclotron, em que há intensas circulação e concentração energética contidas no interior do aparelho, impedindo uma catástrofe. A função de constância se mostra análoga às paredes desse aparelho, que impedem que a energia escape. Isso porque há autoconservação, ainda que periférica, de maneira que a análise e a dissolução se tornam possíveis. A terceira função, analista como guardião do enigma e provocador de transferência, refere-se aos recusamentos do analista que trabalharemos na sessão sobre transferência. Nesse sentido, por manter sua própria alteridade interna, o analista instaura a alteridade na transferência, provocando-a.

Podemos pensar na etimologia da palavra *trauma*, do grego *ferida* (Laplanche, 1986). O trabalho do analista é renovar o "… traumatismo da terapia" (Laplanche, 1993, p. 97), reabrindo essa ferida em direção ao enigma. Ao Eu do analisando cabe o papel de cicatrização dessa ferida, movimento ptolomaico. Para que esse trabalho de desligamento, imposto pelo método, dizer tudo que se vem à cabeça, sem omitir nada, sem se preocupar com a coerência, seja suportável, é necessário um lugar, uma situação específica, marcada por uma constância temporal, ambiental "... É porque há manutenção, na periferia, do princípio de constância, de uma homeostase, de uma *Bindung*, que o desligamento analítico é possível" (Laplanche, 1993, p. 80). Essa situação específica é marcada por uma assimetria de base. É o analisando quem padece e busca ajuda para se livrar de um sofrimento, dirigindo-se ao analista, em quem supõe um saber que possa ajudá-lo. (Laplanche, 1987/1993). Para Laplanche (1987/1993), a situação analítica e a transferência por ela engendrada resultam na reabertura da situação antropológica fundamental. Reabertura, pois a constituição da tópica se dá por um fechamento. Percebemos esse entrelaçamento entre teoria e clínica, sobre o qual falávamos anteriormente. Na situação analítica, materializa-se certo entendimento: 1) da teoria das pulsões, essa continuidade esboça, anteriormente, o método e as intervenções do analista ao lado da pulsão sexual de morte e das traduções e sínteses do analisando, ao lado da pulsão sexual de vida; e 2) da constituição do aparelho psíquico, a situação analítica em continuidade com a teoria da sedução generalizada e a oferta de análise, reabrindo a situação antropológica fundamental.

AS TRANSFERÊNCIAS EM LAPLANCHE

Laplanche (1987/1993) afirma que, para Freud, a transferência seria um fenômeno típico dos neuróticos e entende que não poderíamos reduzir o essencial da transferência a uma disposição à neurose do analisando (Laplanche, 1987/1993). Esse divórcio entre transferência e neurose vai ser operado, segundo Laplanche (1987/1993), por Daniel Lagache e Ida Macalpine, utilizando diferentes caminhos. Lagache generaliza o fenômeno transferencial, considerando que, em todas as condutas humanas, temos algum tipo de transferência de hábitos antigos. "Um homem que não repetisse, isto é, que não tivesse aprendido, é inconcebível". (Laplanche, 1987/1993, p. 6). Essa espécie de transferência psicológica, ordinária, estaria presente em toda parte. O que a diferenciaria essa transferência psicológica daquela que pega Freud de surpresa no caso Dora? (Freud, 1905b). Voltaremos a essa questão mais adiante. Ida Macalpine vai um pouco além, ao afirmar que a situação analítica é produtora de transferência, de modo que o meio seria infantilizante, irrealizante e indutor de regressão; a autora apoia seus argumentos em elementos formais do *setting* posição horizontal, relaxamento, constância, tipo de discurso solicitado ao analisante, entre outros.

Laplanche caminha em conjunto com esses autores até certo ponto: a situação *produz e é ela mesma transferência* (Laplanche, 1987/1993; 1993). No entanto, o que na situação a produz não seriam somente esses elementos infantilizantes, que favorecem à regressão, mas as recusas (e aqui Laplanche, às vezes, utiliza o termo recusamentos) do analista. Por um lado, teríamos uma recusa de rebaixar o sexual ao plano adaptativo, se o analisando interpela o analista por diversas vezes: o que eu devo fazer? Como eu posso resolver essa situação? O que é que eu tenho? O analista não intervém no real, não dá conselhos, não responde a essas demandas, ele não acredita que, por exemplo, certa maneira de lidar com as finanças, por parte de um paciente que se endivida constantemente, vai ser resolvida com um manual de gestão financeira. Por outro lado, temos uma recusa de saber, que deve ser situada em ressonância aos recusamentos do mundo adulto em relação à criança. (Laplanche, 1987/1993).

Num nível mais profundo, há o recusamento estrutural de fornecer o código dessas mensagens eróticas, e isso simplesmente porque esse código é incomunicável, o prazer sexual adulto – digamos, por exemplo, o prazer do seio – não tem seu abonador na criança. E depois há um recusamento "objetivo" ainda mais profundo, que é o fato de o adulto mesmo estar numa relação de ignorância com seu próprio inconsciente, ainda que não se possa falar do inconsciente como de um código. Eu diria que o pai ou a mãe são, para a criança, ao invés de um suposto saber, um *suposto significar.* Há uma *transferência originária na infância,* a mesma que culmina nesse produto marginal que é a sexualidade, e a transferência analítica deveria ser concebida *não como um decalque,* mas como uma *retomada desse processo* de transferência originária. (Laplanche, 1987/1993, p. 256-257, grifos no original).

O analista também possui inconsciente. Ele se recusa a saber e pré-saber, mas mantém essa dimensão da alteridade interior, é essa manutenção que permite instaurar a alteridade também na transferência (Laplanche, 1993).

Se esses elementos da recusa, em conjunto com a situação, instauram a transferência analítica (para além da transferência psicológica) e se a análise recoloca em jogo, reabre essa transferência originária, de maneira que não poderia ser seu destino liquidar esse movimento. Quer dizer, Laplanche (1993) vai se opor à ideia de que, ao fim de um tratamento, teríamos uma dissolução da transferência. Ele brinca com a ideia comparando a um divã com manivela, passaríamos, de três a uma sessão, depois sessões quinzenais, mensais, e o paciente passando da posição deitada, para a posição face a face, para, assim, encerrar a análise. Para o autor, dissolver a transferência, seria serrar o galho sobre o qual estamos sentados (Laplanche, 1993). Qual seria, então, o destino da transferência ao fim de um processo analítico? Ela não teria outro destino possível senão ser ela própria transferida para fora do tratamento. É aquilo que Laplanche (1993) denomina como transferência da transferência. Retomaremos essa noção adiante, na seção sobre a inspiração.

Em elaborações posteriores de Laplanche, essa noção de transferência originária/analítica vai se complexificar com os conceitos de transferência em pleno e transferência em oco. "Tanto a transferência em pleno quanto em oco se instauram num oco. A neutralidade do analista é um aspecto desse oco" (Laplanche, 1987/1992, p. 171). Para além desse aspecto da neutralidade, esse oco é instaurado pelo analista pela sua recusa de saber. E nesse oco ou vazio (variando conforme a tradução) pode se instalar um pleno ou um oco: "Um pleno, é a repetição positiva dos comportamentos, das relações, das imagos infantis. Um oco é também uma repetição, mas onde a relação infantil repetida reencontra seu caráter enigimático e onde as imagos não estão mais totalmente plenas." (Laplanche, 1987/1992, p. 171). Trata-se aqui não de algo da ordem de um *habitus*, de padrões de comportamento como generaliza Lagache, mas de restos significantes dessignificados, algo que passou pelo processo de metábole e, portanto, que não corresponde às imagos ou apreensão das imagos, mas traços parciais do objeto. Essas duas modalidades de transferência coexistem: se existisse somente a transferência em pleno, aquela descrita por Freud, nada permitiria sair desse pleno e aqui a interpretação do analista assumiria o caráter de denegação:

> ... quem não pronunciou, sob forma eventualmente mais sofisticada, ou quem não foi pelo menos tentado a pronunciar algo tão estúpido quanto: "não sou sua mãe" ou "não sou quem você acha"? A recusar, portanto, em nome da realidade, fenômenos que nos fossem destinados: marcas de transferência? (Laplanche, 1987/1993, p. 18).

Ou seja, "você me toma por um outro, mas não sou esse outro", enquanto na transferência em oco é a manutenção a dimensão de alteridade interior, recolocação em jogo das mensagens enigmáticas da infância, que vai permitir que a alteridade seja instaurada na transferência (Laplanche, 1987/1992; 1993). Laplanche sugere outra interpretação que não tem o caráter denegação "Analista: sim, você pode me tomar por um outro porque eu não sou quem acredito ser, porque respeito e mantenho o outro em mim" (Laplanche, 1993, p. 80).

A ideia de uma transcendência da transferência pode ser entendida como algo que ao mesmo tempo *é* e está *além* da transferência em pleno (ou ordinária), essa que todas relações humanas comportam. Explicitemos melhor: *é transferência em pleno*, pois as relações com objetos reais ou imaginários transportam algo do infantil de um lugar a outro, e *está além* da transferência pleno, porque somente lugares privilegiados comportam uma abertura à alteridade, tais como, a cultura e a situação analítica. Se o processo de constituição do sujeito se dá por um "... duplo fechamento" (Laplanche, 1993, p. 80), por meio da tradução da mensagem do outro e também pelo intraduzível e não metabolizável dessa mensagem, não só o analisando, mas o próprio analista traz essa marca, esse furo ou *oco* do outro interno. Seria no nível desse oco que a transferência seria privilegiada. Assim, é preciso pensar a transferência para além de uma mera repetição de relações amorosas anteriores (o que Laplanche designa como transferência em pleno) para colocar em relevo o aparecimento do caráter enigmático.

SUBLIMAÇÃO E INSPIRAÇÃO EM LAPLANCHE

Em Freud, a noção de sublimação vai ser entendida como um destino da pulsão que não passa pelo recalque, em que haveria uma dessexualização da pulsão e esta passaria a visar objetos socialmente valorizados (Freud, 1905a; 1905b; 1908a; 1908b; 1910; 1914; 1915). Laplanche vai ter um entendimento da noção de sublimação baseada na interpretação dos dualismos pulsionais freudianos, bem como na sua teoria da sedução generalizada. Para o autor, a sublimação seria mais adequadamente descrita como uma "... transferência ou transposição da energia sexual de morte em energia sexual de vida, como a domesticação ou ligação de uma pulsão em suas origens anárquica e destrutiva" (Laplanche, 1999/2017, p. 43). A sublimação, assim, é associada à própria noção de simbolização, ou de ligação: "Não vejo como se poderia distinguir da sublimação esta progressão de Eros em cada existência individual, principalmente por meio da simbolização. Ela é a própria sublimação, como integração das metas sexuais anárquicas numa perspectiva 'socialmente valorizada'" (Laplanche, 1999/2017, p. 45).

Para Laplanche, o psiquismo se ocupa, desde os primórdios de sua constituição, de transformar algo da experiência centrípeta (outro eu) em ação do eu. Na sublimação, teríamos um vetor centrífugo, é o Eu que sublima, que liga, uma perspectiva ptolomaica. Então, seria preciso repensar a noção de sublimação, pois tanto em Freud, quanto em Klein continua sendo uma "... construção ptolomaica antes de mais nada, secundária, destinada a domesticar a condição de estrangeira da relação com o outro." (Laplanche, 1998, p.101).

Conviria então, valorizar a noção de inspiração que pressente o "... caráter copernicano da criação cultural. Parece-nos que a prática instaurada por Freud trouxe novidade não no conceito de sublimação, mas na própria sublimação, introduzindo aí sua revolução copernicana." (Laplanche, 1998, p. 101). A noção de inspiração mantém essa dimensão essencial da alteridade, ou seja, não se trata de um vetor centrífugo, dirigido do sujeito em direção ao objeto. Mas um vetor centrípeto, vindo do outro. "E tudo o que o sujeito pode fazer é ficar aberto ao trauma e pelo trauma..." (Laplanche, 1999/2017, p. 49), que "... não é adquirido nem aberto de uma vez por todas: ocorre por eclipses." (Laplanche, 1999/2017, p. 49).

Ao compreendermos que o essencial da dimensão de transferência seria essa relação com o enigma do outro, os lugares privilegiados de verdadeira produção do sexual devem ser situados na "... relação multipolar ao cultural, à criação ou, mais precisamente, a mensagem cultural" (Laplanche, 1993, p. 77).

A noção de inspiração estaria intimamente conectada com a ideia de transferência da transferência, já que ambas apontam para "... o caráter invariavelmente inacabado até mesmo do processo de análise mais bem-sucedido, uma abertura sustentável ao enigma e sua transposição para fora da situação analítica, em direção a outros campos de alteridade" (Ribeiro et al., 2019, p. 333). A dimensão de transferência liberada do aspecto puramente projetivo (pleno) aparece em sua verdade como transferência em oco, repetição dessa relação com o outro como emissor de enigmas.

Em determinados casos essa abertura – essa brecha – da

transferência pode, por sua vez, estar transferida fora da terapia, numa relação de endereçamento ao outro e de vulnerabilidade pela inspiração do outro que é própria dos criadores, qualquer que seja seu território de criação. (Laplanche, 1998, p. 99).

O analisando, saindo do tratamento e se submetendo a novas gravitações em torno do enigma, encontraria nesses lugares privilegiados de transferência a presença da análise em expansão (Laplanche, 1993). A análise então não secaria a inspiração, mas a suscitaria. (Laplanche, 1999/2017).

CONSIDERAÇÕES FINAIS

Ao longo deste artigo, buscamos articular alguns desdobramentos teórico-clínicos de Jean Laplanche sobre a transferência às noções de sublimação e inspiração. Tal como no movimento de inspiração, que por meio da abertura à alteridade se produz traduções renovadas, a partir de certas interpretações teóricas do texto de Laplanche, procuramos fazer trabalhar a noção de inspiração.

Então, assim como em um processo de análise vem se materializar certa concepção da constituição do psiquismo e uma teoria das pulsões, essas concepções também estão presentes no movimento de inspiração, tanto ao pensarmos na inspiração como esse movimento de reabertura da situação originária que engendra o processo tradutivo, quanto ao concebermos que há certo jogo presente nesse movimento entre o desligamento pulsional proveniente do encontro com a alteridade e a tendência egóica à síntese.

REFERÊNCIAS BIBLIOGRÁFICAS
Freud, S. (2010). Introdução ao narcisismo. In S. Freud. *Obras Completas*, (vol. 12, pp. 13-50). São Paulo: Companhia das Letras. (Trabalho original publicado em 1914)

Freud, S. (2015). Leonardo Da Vinci e uma lembrança de infância. In S. Freud. *Obras Incompletas: arte literatura e os artistas* (pp. 69-166). Belo Horizonte: Autêntica. (Trabalho original publicado em 1910)

Freud, S. (2016). Três ensaios sobre a teoria da sexualidade. In S. Freud. *Obras Completas* (vol. 6, pp. 13-173). São Paulo: Companhia das Letras. (Trabalho original publicado em 1905a)

Freud, S. (2016). Análise fragmentária de uma histeria ["o caso Dora"]. In S. Freud. *Obras Completas* (vol. 6, pp. 173-321). São Paulo: Companhia das Letras. (Trabalho original publicado em 1905b)

Freud, S. (2016). O poeta e o fantasiar. In S. Freud. *Obras Incompletas: arte literatura e os artistas* (pp. 54-71). Belo Horizonte: Autêntica. (Trabalho original publicado em 1908b)

Freud, S. (2017). As pulsões e seus destinos. In S. Freud. *Obras Incompletas: As pulsões e seus destinos.* (pp. 13-72). Belo Horizonte: Autêntica. (Trabalho original publicado em 1915)

Freud, S. (2018). Moral sexual "cultural" e o nervosismo moderno. In S. Freud. *Obras Completas* (vol. 8, pp. 359-389). São Paulo: Companhia das Letras. (Trabalho original publicado em 1908a)

Freud, S. (2019). História de uma neurose infantil ("o homem dos lobos"). In S. Freud. *Obras Completas* (vol. 14, pp. 13-160). São Paulo: Companhia das Letras, 2019. (Trabalho original publicado em 1918)

Freud, S. (2019). Para além do princípio de prazer. In S. Freud. *Obras Completas* (vol. 14, pp. 161-239). São Paulo: Companhia das Letras. (Trabalho original publicado em 1920)

Freud (2019) Dois verbetes de Enciclopédia. In S. Freud. *Obras completas* (vol. 15, pp.). São Paulo: Companhia das Letras.

(Trabalho original publicado em 1923)

Laplanche, J. (1986). Traumatisme, traduction, transferert et autres trans(es). *Psychanalyse à l'Université*, 11(41), p. 71-85.

Laplanche, J. (1989). *Problemáticas III: A sublimação. São Paulo: Martins Fontes.* (Trabalho original publicado em 1980)

Laplanche, J. (1992). *Novos fundamentos para a psicanálise. São* Paulo: Martins Fontes. (Trabalho original publicado em 1987)

Laplanche, J. (1992/1993) *A revolução copernicana Inacabada.* Revista Percurso, 56/57, 15-34.

Laplanche, J. (1993) *A tina: a transcendência da transferência.* São Paulo: Martins fontes. (Trabalho original publicado em 1987)

Laplanche, J. (1993) *Da transferência: sua provocação pelo analista.* Revista percurso, 1(10), 73-83.

Laplanche, J. (1998). *Objetivos do processo psicanalítico.* Cadesnos de Psicanálise, 14(17), 78-101.

Laplanche (2015) *Sexual: a sexualidade ampliada no sentido freudiano – 2000-2006.* Porto Alegre: Dublinense. (Trabalho original publicado em 2007)

Laplanche, J. (2017). Sublimação e/ou inspiração. *Revista Percurso*, 56/57, 35-52. (Trabalho original publicado em 1999)

Ribeiro, P. C. (2000). *O problema da identificação em Freud: recalcamento da identificação feminina primária.* São Paulo: Escuta.

Ribeiro, P. C., Figueiredo, L. C., & Coelho, N. E. (2019). Sobre intuição e inspiração. Algumas ideias acerca de Bion e Laplanche.

In A. R. Barros, & T. S. Candi (Orgs.), *Diálogos Psicanalíticos Contemporâneos Bion e Laplanche: do afeto ao pensamento* (pp.325-344). São Paulo: Escuta.

Tarelho, L. C. (2017). O descentramento do ser humano e o realismo do inconsciente na Teoria Laplancheana. In:Ribeiro, P.C, Carvalho, M.T.M, Cardoso, M.R., Tarelho, L.C. *Por que Laplanche?* Zagodoni, 2017, (PP.15-50)

TRAUMA E SUBLIMAÇÃO EM FERENCZI E LAPLANCHE:UMA BREVE LEITURA DE HERTA MÜLLER

Fábio Belo

Sublimar, em Freud, é fazer com que a pulsão sexual encontre um destino dessexualizado por meio da criação de objetos socialmente valorizados. Um exemplo muito caricatural desse processo é a transformação do sadismo infantil numa atividade, como a medicina cirúrgica ou as lutas. Ao invés de abrir pequenos animais ou torturar seu irmãozinho, a criança desloca, por força da repressão e do recalcamento, seu desejo sexual para o campo social: operar pacientes, lutar sob regras, etc.

Essa teoria possui algumas fragilidades. As atividades intelectuais ou socialmente aceitas são embebidas de narcisismo e outras gratificações libidinais evidentes. Não parece possível imaginar, na realidade, uma atividade não-sexual ou não articulada ao sexual. Além disso, dizer de uma atividade "socialmente valorizada" parece uma descrição perigosamente elitista para se pensar numa defesa contra o sexual. Os exemplos notáveis de Freud apontam para o escritor criativo e o artista genial (da Vinci). Ora, e os escritores não aceitos socialmente, os artistas marginais ou as profissões desvalorizadas na cultura? Todas essas atividades também produzem o efeito de dar ao sexual um destino mais social que propriamente genitalizado ou restrito ao prazer narcísico.

Nesse sentido, acompanho a tese de Laplanche (1999, p. 321) de que a sublimação não é um processo à parte. Ela é parte disso que, desde Freud, se chama simbolização. O trabalho teórico aqui é distinguir os tipos de simbolização. Há um processo muito arcaico que visa ligar a pulsão à palavra, a organizar os afetos e os objetos em circuitos compartilhados de prazer e nomeação. Nomear as partes do corpo do bebê, nomear suas sensações (sono, fome, etc): tudo isso é a base dessa simbolização ampla e constitutiva do humano.

Laplanche (1999, p. 323) associa a sublimação a dois polos: o do sintoma e o da inspiração. O polo do sintoma é justamente este mais amplo da simbolização. O *sintoma* é feito porque uma satisfação pulsional foi proibida e teve que ser substituída por outra; é um primeiro modelo da sublimação, logo, da criação; e ainda é fruto de um processo de simbolização. Processo que é constante no humano e que será usado nos processos de destradução/retradução durante uma análise para que aquele desejo pulsional possa ser simbolizado de forma diferente daquela sintomática.

A novidade trazida por Laplanche (1999, p. 325) está no polo da *inspiração*. Ao recuperar a velha noção filosófica, o autor deseja apontar para a origem e o destino da operação simbólica específica que denominamos sublimação. Ora, a criança recebe as mensagens enigmáticas no início da vida, e é a partir delas que recebemos os códigos por meio dos quais iremos traduzir o pulsional. Na sedução generalizada, a criança recebe afetos e excitações que precisam ser organizadas, ou seja, traduzidas, sejam em afetos mais organizados, sejam também em palavras. Esse processo de simbolização, portanto, está presente *desde o início* da implantação da pulsão sexual. Não se trata de um processo à parte, portanto, mas inaugural e constitutivo. A mensagem enigmática se inscreve na criança como mensagem, como um "a traduzir", um "significa algo". Não se trata de um "resto irredutivelmente solipsista" (Laplanche, 1999, p. 328).

A *sublimação* é o processo que reabre essa instauração da mensagem e seu necessário processo de tradução/destradução. A diferença para a simbolização comum é que, na sublimação, a simbolização deixará a alteridade em evidência tanto na origem quanto no destino do processo criativo. Se os artistas antes falavam da musa inspiradora, era para traduzir o aguilhão que o pulsional produz, exigindo que o sujeito traduza essa excitação em algo mais integrado ao eu. A sublimação completa, por assim dizer, seria a criação de uma obra que é endereçada ao outro para que o processo de destradução/retradução também se reabra. Num exemplo ideal, o artista endereça sua obra ao público de tal maneira que, aquele(a) que entra em contato com sua obra, tem a relação com seu próprio enigma reaberto. Quando lemos um bom livro ou vemos um bom filme, somos levados a retomar os próprios processos tradutivos de nossa alteridade interna.

"Ser aberto por e estar aberto a" (Laplanche, 1999, p. 336): é essa a dinâmica da criação e também a que deve orientar o tratamento analítico. Nesse sentido, o processo de análise implica em compreender que o eu é o tempo todo "aberto por" seu enigma, atacado por sua alteridade interna e por seu desejo, ao mesmo tempo que compreende a tarefa analítica como "estar aberto a" esse enigma. É por isso que Laplanche termina seu texto articulando fortemente a sublimação à transferência, em especial à *transcendência da transferência.*

A origem do sujeito, sob a perspectiva da teoria da sedução generalizada, é sempre traumática. Não há eu no início da vida psíquica. O eu se forma muito lentamente e é sempre passivo diante do que o constitui. Passivo não apenas corporalmente, mas também diante do sentido daquilo que lhe ocorre. É apenas *a posteriori* que vamos nos dando conta dos sentidos que nos foram endereçados e que, no entanto, nos constituíram. Boa parte dessas mensagens constitutivas são enigmáticas, isto é, são comprometidas com o inconsciente do outro, suas pulsões parciais, sua sexualidade infantil. Estamos falando de excitações impossíveis de traduzir mesmo para os adultos. É em relação a essa alteridade sexual que os processos de defesa se estabelecem. Primeiro alteridade do/no adulto, depois alteridade no próprio sujeito.

PorPor conseguinte, Laplanche propõe a *transcendência da transferência*. A transferência está, em potencial, em todas as relações objetais. Em qualquer relação com o objeto, reabrem-se os primeiros tempos de ataque e tradução do pulsional. Na arte, essa abertura é particularmente sentida. A diferença, portanto, entre simbolização e sublimação é de grau e de intensidade. De maneira geral, a simbolização vai se articular a processos de defesa – como o recalcamento – que servirão para apagar a alteridade e sua origem sexual. Na sublimação, a alteridade parece se mostrar novamente mais enigmática, possibilitando a reabertura, no sujeito, de seus processos tradutivos.

Fica evidente, apesar de não muito explícito, que a teoria de Laplanche sobre a sublimação pressupõe a *origem traumática do sujeito*. A questão não é se, mas o quanto seremos traumatizados durante nossa constituição. Os processos de defesa sempre são, portanto, respostas ao traumático. Podemos articular os destinos da sublimação propostos por Freud – inibição, racionalização ou sublimação propriamente dita – como resultados da dialética entre os códigos tradutivos recebidos pela criança e os elementos traumáticos a serem traduzidos.

De um lado, o sexual, as mensagens enigmáticas, as excitações sem nome, a alteridade disruptiva do outro. Do outro, os códigos simbólicos, o carinho, o cuidado, o *holding*, as simbolizações do mundo adulto. O sujeito advém da relação dialética entre esses dois campos. A tradução é uma metáfora já presente em Freud (Carta 52) e que Laplanche vai explorar amplamente. O recalcamento originário é a separação mais radical entre esses dois campos, ou seja, dois modos de funcionamento psíquico. O mais ligado e tradutivo é a consciência/pré-consciência, enquanto o mais desligado e desligante, pólo atacante, é o inconsciente. Processo secundário e processo primário. Os processos de simbolização – e de sublimação – são aqueles que estabelecem relações específicas entre esses dois campos. A simbolização tenta trazer algo do inconsciente para a consciência, e a sublimação faz o mesmo, mas, muitas vezes, deixa a marca de que esse processo de tradução é incompleto e aberto. Além disso, endereça essa tradução feita ao outro (espectador) que terá também seus processos tradutivos reabertos pela obra do artista.

As reflexões sobre o trauma e o simbolismo trazidas por Ferenczi (1915/1992; 1992/1934) são também importantes para se compreender a origem sexual da sublimação. A hipótese de Ferenczi (1915/1992) é que a criança identifica duas coisas diferentes com base numa semelhança ínfima e "desloca facilmente seus afetos de uma para outra" (p. 105). O autor adverte:

> Só podemos considerar símbolos, no sentido psicanalítico do termo, as coisas (representações) que chegam à consciência com um investimento afetivo que a lógica não explica nem justifica, e cuja análise permite estabelecer que elas devem essa sobrecarga afetiva a uma identificação inconsciente com uma (o símbolo) outra coisa (representação), à qual pertence efetivamente esse suplemento afetivo. Por conseguinte, nem toda comparação é um símbolo, mas unicamente aquela da qual um dos termos está recalcado no inconsciente. ... A experiência psicanalítica ensina-nos, de fato, que a principal condição para que surja um verdadeiro símbolo não é de natureza intelectual, mas afetiva, embora a intervenção de uma insuficiência intelectual seja igualmente necessária para sua formação. (Ferenczi, 1915/1992, p. 106).

Ferenczi aponta para a radicalidade, isto é, para a presença, *desde o início* – como apontaram Freud e Laplanche –, dessa capacidade simbólica para lidar com o sexual. A criança "aprende a figurar o mundo por meio de seu corpo" (Ferenczi, 1915/1992, p. 107). Quando a criança olha para o rio Danúbio, para usar o exemplo do autor, e diz: "quanto cuspe!", ela está traduzindo o mundo a partir de sua experiência corporal.

E de onde vem o nome do cuspe, as conversas sobre babar, cuspir e engolir? Tudo isso vem junto e misturado com os códigos e as mensagens enigmáticas do adulto. O próprio Ferenczi (1934/1992) nos ajuda a ver isso em suas reflexões sobre o trauma:

> *O comportamento dos adultos em relação à criança* que sofreu o traumatismo faz parte do modo de ação psíquica do trauma. Eles dão, em geral, e num elevado grau, prova de *incompreensão* aparente. A criança é *punida*, o que, entre outras coisas, age também sobre a criança pela enorme injustiça que representa. A expressão húngara que serve para as crianças, "*katonadolog*" (a sorte do soldado) exige da criança um grau de heroísmo de que ela ainda não é capaz. Ou então os adultos reagem com um *silêncio de morte* que torna a criança tão ignorante quanto se lhe pede que seja. (Ferenczi, 1934/1992, p. 111).

Essa passagem é brilhante e deve ser lida em conjunto com as teses finais dos textos de Ferenczi que trazem de volta o adulto para a cena do trauma. *Adaptação da família à criança, A criança mal-acolhida e sua pulsão de morte* e *Confusão de línguas* completam essa tetralogia indispensável para que reatualizemos a teoria da sedução. Assim como Laplanche fará muito depois, Ferenczi está apontando para a presença do adulto como motor do traumático.

Na citação anterior isso fica nítido: na cena traumática, a criança pode ser alvo de incompreensão ou ser punida; o adulto pode exigir dela um heroísmo absurdo; por fim, ela pode receber o silêncio e o desmentido sobre o que lhe ocorreu. As consequências dessa ausência de *material simbólico tradutivo* são desastrosas. Quanto mais precoce o trauma, mais ajuda a criança necessita para tradução. Quanto menos ajuda, mais devastadoras são as consequências e mais radicais são as defesas empregadas para se lidar com o traumático.

Para exemplificar as teses expostas até aqui, gostaria de examinar alguns contos do livro *Depressões*, de Herta Müller, publicado em 1982. A obra da autora reflete os traumas sofridos pela população de origem alemã, da qual ela fazia parte, e que vivia na Romênia ditatorial de Ceauşescu. Estamos falando de violências praticamente inenarráveis, próprias dos campos de concentração, das torturas sob ditadura, da impossibilidade de pedir ajuda. Isso transparece em praticamente todos os contos de *Depressões*.

É muito importante destacar que o primeiro conto, *Discurso fúnebre*, é o relato de um sonho. A sonhadora sonha com o funeral do pai e, quando tem que fazer seu discurso, ela não consegue. No sonho, é dito sobre seu pai: "ele estuprou uma mulher numa plantação de nabos, disse o homenzinho. Junto com mais quatro soldados. Seu pai enfiou um nabo entre as pernas dela. Quando partimos dali, ela sangrava. Era uma russa." (Müller, 1982/2010, p. 9). Mais para o final do sonho, a mãe da narradora aparece: "Na Rússia me tosaram. Este era o castigo menor, disse ela. Eu cambaleava de fome. À noite rastejava até uma plantação de nabos. O guarda tinha uma arma. Se ele tivesse me visto, teria me matado" (Müller, 1982/2010, p. 12). Antes do despertador tocar, a sonhadora relata: "Arregalei os olhos. O quarto girava. Eu estava deitada numa esfera de flores brancas despetaladas e estava presa. Então tive a sensação de que a casa caía e se esfarelava no chão" (Müller, 1982/2010, p. 12).

O sonho é claramente uma tentativa de elaborar o traumático, de dar nome ao absurdo da violência do estupro, da guerra e da fome. Tudo isso sobre o imperativo do silêncio e da incompreensão, um não-poder dizer, uma impossibilidade de compartilhar o sem-sentido. Ferenczi (1934/1992, p. 112), não por acaso, indica que o sonho tem uma *função traumatolítica*, isto é, o sonho, para além de uma realização de desejo, é uma tentativa de simbolizar o traumático.

Tomemos o sonhar como o paradigma do processo

criativo no humano. É a forma espontânea de criação, de invenção de um sentido para algo obscuro e enigmático. O umbigo do sonho, como Freud o chamou, é justamente essa cicatriz que marca a origem alteritária do trauma. É esse umbigo que precisa ser nomeado, traduzido, simbolizado. Simbolizar, fantasiar, sonhar e criar são processos, portanto, num *continuum* e que não podem ser separados. Nesse sentido, acentuo a proximidade entre os pensamentos de Ferenczi e Laplanche.

Importante destacar as "flores despetaladas" e a casa que caía e se esfarelava ao final do sonho. Ferenczi (1992/1934, p. 111) também irá apontar a *autodestruição* como um fator que *"liberta da angústia"*. Perde-se a consciência para que não sintamos mais o horror ao qual estamos submetidos. Daí vem a *desorientação psíquica* sentida por muitas pacientes traumatizadas. Vejam, por exemplo, como essa desorientação aparece claramente nos contos *Dia de trabalho* e *Minha família*. A paralisia sentida pela narradora – "estava presa" – também é uma sensação comum das traumatizadas e que reaparece nos sonhos traumáticos. Não conseguir andar, não conseguir concluir uma ação. Numa parte do sonho da narradora, ela vê uma parede de fotos e a descreve:

> Em todas as fotos, meu pai aparecia como se tivesse sido imobilizado no meio de um gesto. Em todas elas aparecia assim, como se não soubesse continuar. Mas meu pai sempre soube como continuar, por isso todas as fotos não eram verdadeiras. De tantas fotos falsas, de todas suas falsas expressões, a sala tornou-se fria. Eu queria me levantar da cadeira, porém meu vestido havia congelado na madeira. (Müller, 1982/2010, p. 8).

A imobilidade do pai seria resultado da identificação com o agressor? Ou seria também a realização do desejo de paralisar os homens e sua violência brutal? Talvez as duas coisas. Não é por acaso a metáfora do congelamento paralisante: a presença do outro está muito longe de trazer o calor amoroso. O outro do trauma é congelante, paralisa o pensamento, impossibilita a simbolização. A esperança aqui é que sonhos assim são uma tentativa de

> estabelecer o vínculo entre essa passividade total e o sentimento de ser capaz de viver o traumatismo até o fim (ou seja, encorajar o paciente a repetir e a viver o evento até o fim, o que frequentemente só se produz após inúmeros fracassos e, no começo, de um modo apenas parcial), então uma nova espécie de resolução do trauma, mais vantajosa, e até mais duradoura pode produzir-se. (Ferenczi 1934/1992, p. 113).

Infelizmente, não é o que acontece nos outros contos de *Depressões*. A sensação é a de múltiplas tentativas de tradução do traumático, mas sempre presas na repetição do horror. Apenas o mínimo é conseguido: representar o eu como sobrevivente, como capaz de suportar a violência sofrida. O próximo conto, *O banho suábio*, tem quase uma carga de humor, mas que é apagada pelo nojo que gera. Trata-se da narrativa curta de um banho, em um sábado à noite, de uma família. Todos se lavam numa mesma bacia. Primeiro o "pequeno Arni", depois a mãe, o pai, a avó e, finalmente, o avô. Os "rolinhos cinzas" (Müller, 1982/2010, p. 13) de sujeira que vão sendo retirados dos corpos e deixados na banheira, que termina com a água gelada e preta. Imagem ambivalente: a família que é a base da limpeza, do estar junto, mas é também a fonte da sujeira. A família está sentada diante da tela da televisão e não fala sobre o banho.

Muito mais traumática, no entanto, é a experiência do conto mais longo do livro, *Depressões*. O título não faz referência à categoria nosográfica, mas ao tipo de geografia do lugar onde se passa a história. No entanto, é bem evidente que a história narrada ali deixa como efeito – nos personagens e nos leitores – algo como uma depressão.

A narrativa de *Depressões* é conduzida por uma menina ainda criança. A narrativa é repleta de violências. Seja na captura de borboletas com o avô – "elas se debatem no alfinete até a morte" (Müller, 1982/2010, p. 19) –, seja na narrativa que escuta de sua mãe sobre seu pai: "ele ficou como um poste ao meu lado e cuspia ininterruptamente caroços de cereja molhados e gosmentos, e eu soube, então, que ele me espancaria com frequência durante a vida" (Müller, 2010/1982, p. 20). Diante da curiosidade da menina – "E de onde veio a primeira borboleta, vovô?" (Müller, 1982/2010, p. 19) –, a resposta é contundente: "E pare já com tanta pergunta boba, ninguém sabe, e vá brincar" (Müller, 1982/2010, p. 19). O silenciamento volta reiteradamente a aparecer. Uma cena na igreja é emblemática:

A imagem de Nossa Senhora sempre tinha um indicador levantado quando eu me sentava na frente, no banco das crianças. Porém ela sempre tinha um rosto amigável e eu não tinha medo dela. Ela também sempre usava este vestido azul e comprido e tinha lindos lábios vermelhos. E, quando o padre dizia que o batom era feito do sangue das pulgas e outros animais abomináveis, eu me perguntava por que a mãe de Deus que ficava no altar lateral pintava os lábios. Também perguntei ao padre, e ele, na ocasião, me bateu com a régua nas mãos até elas ficarem vermelhas e me mandou imediatamente para casa. Por muitos dias, eu não conseguia dobrar os dedos. (Müller, 1982/2010, p. 19).

Silenciamento e punição diante do desejo de saber pode resultar em inibição, confusão e loucura. Exatamente as respostas que teremos no estilo presente em todos os contos de *Depressão*. A leitura nunca é tranquila, é sempre tensa e traz ao leitor o que as múltiplas narradoras parecem sentir.

Mesmo o gesto infantil de colher flores é contaminado pela narrativa sombria da morte: "quando uma abelha entra na boca de alguém, a pessoa morre. Ela pica o céu da boca. O céu da boca incha tanto que a pessoa sufoca com seu próprio céu da boca, dizia meu avô" (Müller, 1982/2010, p. 21). A menina resiste como pode – fechando a boca enquanto colhia flores –, mas também torcendo para que uma abelha viesse para lhe mostrar que não podia penetrar nela.

Vez ou outra, os cachorros da vila são espancados (aos chutes) até a morte. Da mesma forma, a cena prosaica de matar um porco ganha uma dimensão simbólica aterrorizante: "Eu ouvi o porco. Ele gemia. Sua resistência era tão insignificante que as correntes eram supérfluas. Eu estava deitada na cama. Sentia a faca em minha garganta." (Müller, 1982/2010, p. 31). O desamparo aparece reiteradamente, como num sonho da narradora:

O quintal desaparece, os jardins desaparecem, a casa toda desaparece na palha. Não vemos mais nenhuma janela, nenhuma cerca, nem árvores, nem telhado. Mamãe sai com sua vassoura gasta na rua. E, quando ela quer começar a varrer, uma cobra sobe no cabo da vassoura. Ela joga a vassoura e sai correndo pela rua, pedindo ajuda. As janelas permanecem fechadas, as persianas permanecem fechadas. Não se vê nenhuma pessoa na aldeia. (Müller, 1982/2010, p. 39).

Vemos exatamente o que Ferenczi (1934/1992, p. 116) descreve como efeito de situações traumáticas extremas. O pesadelo que retoma a paralisia, a solidão, a perda de consciência. Tudo vai desaparecendo e não há ninguém para ajudar. A animalidade da cobra simboliza, muito precariamente, a violência do outro humano que não comparece. Ferenczi está descrevendo defesas anteriores ao recalcamento, em especial, as cisões dilacerantes e fragmentadoras. Dessa autodilaceração decorre a "transformação da relação de objeto, que se tornou impossível, numa relação narcísica" (Ferenczi, 1934/1992, p. 117). Por vezes, dessa fragmentação surgem duas partes de si mesmo: uma que cuida e outra que é passiva e martirizada. Ferenczi (1934/1992) é didático aqui: "A enormidade do sofrimento, o desamparo, a ausência de esperança de qualquer ajuda exterior impelem para a morte; mas, após a perda ou o abandono do pensamento consciente, instintos vitais organizadores ("orpha") são despertados, trazendo a loucura ao invés da morte" (pp. 39-40).

A menina do conto de Herta Müller, no entanto, parece já não possuir nenhuma função órfica à disposição. Nenhuma parte de si fragmentada para cuidar desse corpo que só apanha e não ganha acolhida alguma. Numa cena, ela vai para a casinha na qual as pessoas fazem suas necessidades para chorar. Fazia barulhos com o papel higiênico para que ninguém a ouvisse. "Mamãe me batia às vezes quando eu chorava, e dizia, bem, agora você finalmente tem um motivo" (Müller, 1982/2010, p. 46). O interessante da cena é que a menina vai realizar uma espécie de cropomancia, isto é, vai examinar as fezes da latrina e deduzir coisas como "vovó estava com o intestino preso" e ainda procura "as fezes amarelas brilhantes de meu pai e as fezes avermelhadas de minha mãe" (Müller, 1982/2010, p. 46). A tarefa é interrompida pelo chamado da mãe que bate nela quando ela chega: "responda quando eu te chamar" (Müller, 1982/2010, p. 46).

O outro é reduzido a seus excrementos. A comunicação se torna leitura de fezes. É incrível como a menininha tenta resistir à violência. Isso fica claro em mais um de seus sonhos, no qual o pai retira a pele de um bezerro para fazer um tapete e deixar próximo à cama dela:

Toda noite eu carregava o tapete da cama para fora porque sentia os pelos em minha garganta. Sonhava que precisava comer a pele com garfo e faca, que eu comia e vomitava e precisava continuar comendo e vomitava ainda mais pelos, e, titio dizia, você precisa comer tudo ou você vai morrer. Quando eu estava morrendo, acordei. (Müller, 1982/2010, p. 59).

O conto continua misturando sonho e realidade, numa atmosfera alucinatória e delirante. A menina diz que o pai a forçou a cavalgar o bezerro que "quebrou a espinha dorsal sob mim. ... Sob mim estava a terra cheia de sangue onde o bezerro sucumbiu" (Müller, 1982/2010, p. 60). A identificação com o bezerro é claramente uma tentativa de separar uma parte de si que sobrevive e a outra que não suporta o peso do que lhe está sendo proposto. A intrusão, no entanto, é vista como questão de vida ou morte. A criança sabe disso e reiteradamente endereça questões aos adultos que só respondem com mais violência e o *katonadolog* descrito por Ferenczi:

Toda tarde mamãe trazia leite quente da vaca até a cozinha. Eu lhe perguntei se ela também ficaria triste se me tirassem dela, se me abatessem. Eu caí contra porta do armário, fiquei com um galo roxo na testa, o lábio superior inchado e uma mancha roxa no braço. Tudo isso da bofetada. Mamãe dizia, agora acabou, chega de chorar. Precisei parar de soluçar no mesmo instante e no momento seguinte conversar alegremente com mamãe. Crianças não devem guardar rancor de seus pais, pois tudo o que os pais fazem, os filhos merecem, nada mais. (Müller, 1982/2010, pp. 60-61).

Depois dessa cena, a mãe apenas a manda varrer a cozinha. É praticamente impossível não se fragmentar diante desse tipo de violência. A isso Ferenczi (1930/1992) chama de "adaptação autoplástica" (p. 239) e se vale da metáfora da autotomia. O sujeito se fragmenta, deixa parte de si para que o outro continue a agredir e tenta sobreviver escondendo as partes valiosas de si mesmo que o outro ainda não conseguiu alcançar e destruir.

O pai alcoólatra e a mãe igualmente espancada e traumatizada não são referências de ajuda e acolhimento. O conto termina justamente falando dessa incapacidade da mãe de elaborar, ela mesma, seus elementos traumáticos. "Quando ela dormia, ela agonizava como se tivesse ainda o vento siberiano na garganta, e eu gelava ao lado dela nas contrações dos sonhos horripilantes" (Müller, 1982/2010, p. 95). Sobre o sofrimento da mãe, a mesma ordem de silenciamento que percorre todo o conto: "Acreditam que aquilo sobre o que nos recusamos a falar acaba por não existir também" (Müller, 1982/2010, p. 95).

O sentido dessa página final fica mais explícito para o leitor que sabe do contexto histórico de Herta Müller. É provável que os horrores da ditadura tenham sido vivenciados por ela e sua família. Ao criar uma narrativa literária, a autora tenta simbolizar a violência sofrida. Esse gesto sublimatório tem a mesma função que o pesadelo, uma função traumatolítica, de retomar o trauma, de simbolizá-lo. O gesto de endereçar essa criação ao leitor é, mais uma vez, a incrível resistência da criança em demandar ajuda, em solicitar ao adulto que a lê que não a desminta, que não a silencie. A sublimação completa seu gesto quando nós, leitores, sentimos abrir em nós mesmos nossa relação com o enigmático, que permanece como enigma, nesse caso, resumido assim: como pode haver tanto sadismo? Como pode haver gente que tortura gente? Como pode haver gente apoia a tortura? Como entender esse prazer sadomasoquista desse jogo brutal que as ditaduras encenam?

Quando o traumático impulsiona a criação artística, podemos falar em *inspiração*, isto é, um processo de simbolização que tenta traduzir os restos de excitação provenientes do inconsciente. Assim como o sonho, a arte possui uma função traumatolítica. Muitas vezes, como na obra de Müller, sentiremos no estilo que compõe a própria escrita – ou seja, na *forma*, e não apenas no conteúdo –, uma tentativa de tradução da cena traumática. É para se ver livre de um ataque interno da pulsão que o artista cria. Seu gesto se completa quando a obra chega até o leitor e os processos de simbolização se abrem. A sublimação ideal, por assim dizer, é aquela que começa na inspiração da autora e recomeça na inspiração da leitora, permitindo ver – e quiçá elaborar – a transcendência da transferência, isto é, a transferência com o enigma.

REFERÊNCIAS BIBLIOGRÁFICAS

Ferenczi, S. (1992). Notas e fragmentos. In *Obras completas*. (vol. IV). São Paulo: Martins Fontes. (Trabalho original publicado em 1930).

Ferenczi, S. (1992). Ontogênese dos símbolos. In *Obras completas*. (vol. II). São Paulo: Martins Fontes. (Trabalho original publicado em 1915).

Ferenczi, S. (1992). Reflexões sobre o trauma. In *Obras completas*. (vol. IV). São Paulo: Martins Fontes. (Trabalho original publicado em 1934).

Laplanche, J. (1999). *Sublimation et/ou inspiration*. In *Entre séduction et inspiration:* l'homme. Paris: Quadridge/PUF.

Muller, H. (2010). *Depressões.* Rio de Janeiro: Globo. (Trabalho original publicado em 1982).

HISTERIA E TRADUÇÃO: DE ANNA O. A BERTHA PAPPENHEIM

Fábio Belo

O PROTOFEMINISMO DA HISTERIA

Anna O. (Freud, 1895/1995) é lido por muitos como um caso mítico e fundador da psicanálise (Appignanesi & Forrester, 2011, p. 135). É certamente exagerado dizer que a psicanálise foi inventada por Joseph Breuer e Bertha Pappenheim. No entanto, a dupla terapêutica deixa-nos com muitas veredas entreabertas a partir das quais a psicanálise vai sendo construída. Neste artigo, pretendo me deter na passagem – tradutiva, veremos – de Anna O. a Bertha Pappenheim.

Quando leio os muitos relatos históricos sobre o caso, sempre me vem a questão: como aquela jovem mulher de 21 anos, acometida por sintomas tão graves, se transformou na ativa e altiva feminista poucos anos depois? As duas são como lagarta e borboleta (Appignaesi & Forrester, 2011, p. 144): parece não haver nada em comum entre elas. A transformação de uma na outra seria, afinal, resultado do tratamento com Breuer? A morte do pai representaria também o fim da servidão e de um possível teatro histérico? Ou tudo não passaria de uma invenção mítica de Breuer, sustentada por Freud, inspirado pelas experiências teatrais e impressionantes de Charcot na Salpêtrière? (cf. Borch-Jacobsen, 1996).

Appignaesi e Forrester (2011) fazem um apanhado histórico importante sobre a histeria no final do século XIX. Os autores lembram do contexto autoritário e patriarcal que exigia das mulheres qualidades inteiramente contraditórias: "por um lado, a virgem, pura, virtuosa e delicada que é objeto de estima, amor e proteção; por outro, a estoica e abnegada guardiã da família e do lar" (Appignaesi & Forrester, 2011, p. 127). A mulher doente seria uma solução de compromisso e um protesto contra essa posição insustentável. "É uma forma passiva de resistência contra o sistema de expectativas sociais organizado em torno do seu sexo, ao mesmo tempo produto e acusação dessa cultura" (Appignaesi & Forrester, 2011, p. 127).

A histérica de casa e o histérico das trincheiras "partilhavam um protesto passivo e tortuoso contra as exigências que lhes eram impostas por uma cultura patriarcal" (Appignaesi & Forrester, 2011, p. 129). Logo, existe na histeria um protofeminismo. É como se dissessem: "Quereis que eu seja um mero objeto passivo? Então, tomai o máximo absoluto da passividade! O corpo incontrolável, a língua que não fala ou dispara, os olhos que não veem ou veem demais, o corpo que não come ou o que explode de tanta comida. Queriam me controlar com tanto excesso? É o excesso que eu vos apresento.".

Protofeminismo, como dizem Appignaesi e Forrester (2011), ou ainda feminismo espontâneo, como denomina Bleichmar (1988). Prefiro nomear feminismo involuntário, demarcando que o feminismo decorrente do sintoma histérico é reativo, não espontâneo –como um gesto proveniente do verdadeiro *self*, pensando com Winnicott –, mas sempre uma resposta, no sentido laplancheano, a um ataque proveniente do outro.

Existe um feminismo espontâneo na histérica que consiste no protesto desesperado, aberrante, atuado, que não chega a articular-se em palavras, uma reivindicação de uma feminilidade que não quer ser reduzida à sexualidade, de um narcisismo que clama por poder privilegiar a mente, a ação na realidade, a moral, os princípios e não ficar presa na beleza do corpo. (Bleichmar, 1988, p. 193).

Nossa hipótese é que Bertha Pappenheim faz o percurso do nominado feminismo involuntário presente no sintoma histérico para um feminismo articulado socialmente. Ademais, a passagem de um a outro ganhou impulso em sua capacidade sublimatória, presentificada na escrita de seus contos infantis.

Uma linha interpretativa a ser evitada ou, no mínimo, a ser lida de maneira muito atenta e crítica é a encampada por Karpe (1961):

Quando, quatro anos depois da publicação de sua [de Bertha] estória por Breuer e Freud, ela se virou para denúncia do sexo masculino, pode-se perguntar se isso era sua reação à teoria sexual inicial de Freud. Ela provavelmente entendeu que as teorias de Freud incluíam seu caso também. Ela as recebeu com uma atitude negativa e agiu em oposição a elas. Freud era frequentemente visto não como um explorador de atitudes sexuais, mas criador delas. No caso de Bertha Pappenheim esse mal-entendido deve ter sido reforçado pelo fato de Freud ter o mesmo primeiro nome que o pai dela, Sigmund. A mulher assexual se tornou antisexual. Parece provável que sua dedicação para resgatar garotas seduzidas ou seduzíveis tem uma de suas raízes na sua oposição às teorias sexuais de Freud, as quais, ela, no entanto, nunca atacou em seus esforços literários. Ela foi bem-sucedida em sublimar suas tendências homossexuais não reconhecidas na empatia para com as garotas experientes sexualmente e seus filhos, na maioria suas filhas, enquanto ela canalizava suas tendências masculinas na liderança com algumas atitudes ditatoriais. (Karpe, 1961, p. 22).

A interpretação do autor é ruim por vários motivos. Reduzir a complexa luta política de Bertha ao ódio antisexual dirigido ao pai e aos homens faz perder de vista a incrível capacidade que uma mulher do século XIX possuia para se opor ao machismo europeu e judaico da época. É bem evidente que sempre devemos procurar as raízes libidinais – o plural aqui é fundamental – de toda e qualquer ação social de um sujeito. A citada por Richard Karpe certamente pode estar presente e é provável que esteja. O que deve ser evitado, a meu ver, é a ênfase nessa fonte. Que nos sirva de advertência: há impacto político nas interpretações clínicas e teóricas dos psicanalistas. É preciso cuidado redobrado sobre o reducionismo do social ao intrapsíquico.

A interpretação de Karpe vai na mesma direção de um pensamento que estava presente em Freud e Winnicott, para citar dois autores que fazem isso bem explicitamente: o feminismo é um tipo de reação à inveja do pênis. A inveja do pênis pode estar presente na história libidinal de alguma feminista? Claro que sim, mas ao apontar apenas para essa raíz infantil, os autores prestam um desserviço ao feminismo e à própria psicanálise. O feminismo é, em primeiro lugar, uma atitude muito saudável de luta e combate contra a opressão; é uma demanda urgente por direitos evidentemente negados e surrupiados; é um gesto de amor próprio e também gesto identificatório amoroso dirigido às iguais em sofrimento. A luta contra a violência não tem sua principal raiz na inveja, mas no desejo de manter-se viva e respeitada em sua dignidade. Para notarmos como isso é complexo: Freud é tradutor de *A sujeição das mulheres* (1869), de Jhon Stuart Mill, para o alemão. O livro muito didático sobre as razões sociais e concretas da sujeição das mulheres, muito distantes de qualquer masoquismo, inveja ou passividade naturais que pudessem vir a justificá-la.

TRADUÇÕES

Como pensar a histeria a partir da teoria da sedução generalizada (TSG)? O texto de Laplanche (1969/1984) sobre a histeria é anterior à formulação da TSG. Teremos, portanto, que construir uma teoria da histeria com base nesse referencial teórico. As primeiras indicações devem ser tomadas a partir da noção de *tradução*. Como sabemos, Laplanche evidencia fortemente as passagens nas quais Freud associa o recalcamento às falhas de tradução de signos de um sistema a outro. Lembremos do esquema freudiano clássico, ainda em sua primeira tópica:

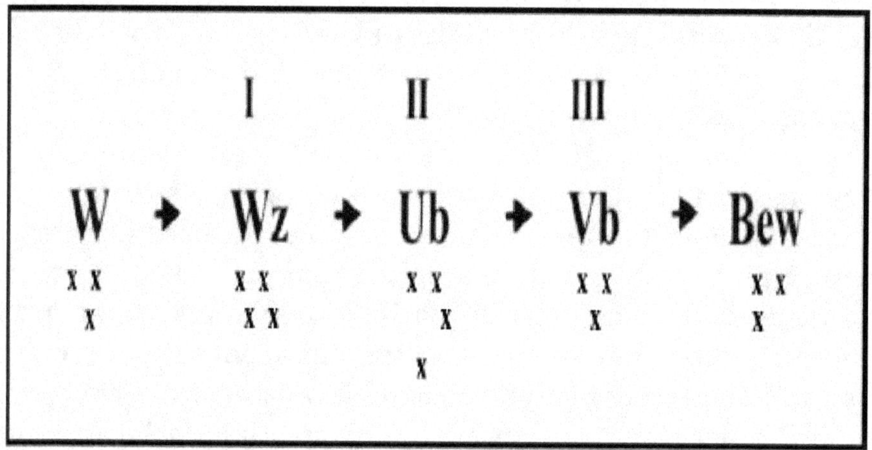

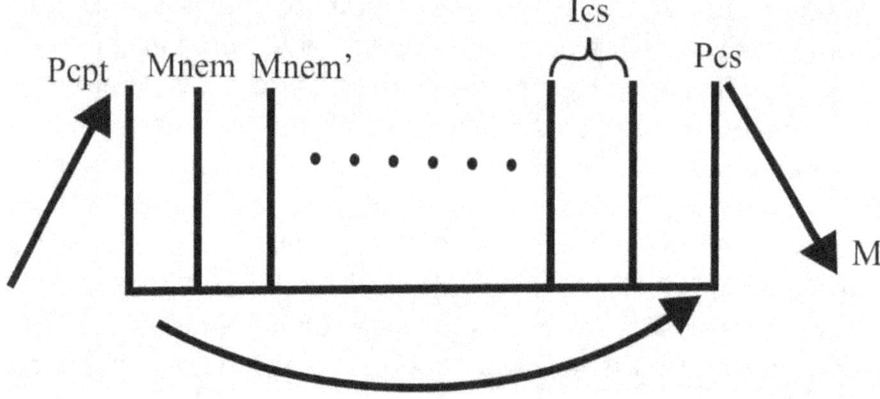

A passagem das excitações e das representações de um sistema para outro é vista por Freud como uma *tradução*. As falhas, resistências ou recusas a essa passagem estarão localizadas no campo do recalcamento, logo, da defesa. Pode-se perguntar se há uma tradução plena entre sistemas, mas a própria metáfora tradutiva parece apontar que não: toda tradução é falha, deixa resto, é passagem de uma lógica a outra.

Imaginemos a tradução de afetos e excitações articuladas às representações: não é apenas uma tradução entre linguagens do mesmo tipo, mas diferentes tipos de linguagem: do corpo à palavra, por exemplo, para citar a que a histeria colocará em evidência.

O esquema interno pode ser ampliado para incluir o externo. É o que nos mostra o esquema de Henri Ellenberger (1970, p. 489):

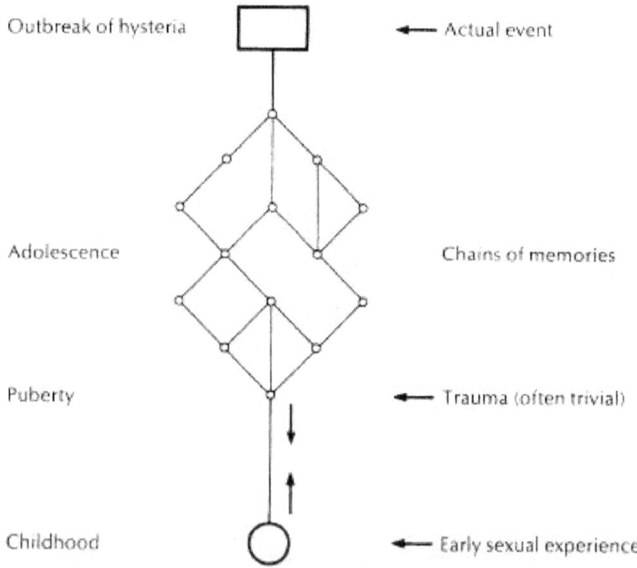

Lembro dos esquemas acima apenas para enfatizar que há toda uma teoria, em Freud, da tradução – que vai aparecer um tanto como deslocamento, simbolização, transferência e sublimação. Toda essa série de mecanismos psíquicos que transforma uma coisa em outra, que opera desligamentos e religamentos entre elementos de maneiras distintas. A histeria deixa isso muito evidente a partir do sintoma corporal.

AS TRADUÇÕES DE ANNA O.

A primeira tradução de Anna O. é inconsciente. Estou de acordo com a hipótese de Dianne Hunter (1983) aqui: há uma razão libertária nas disrupções linguísticas de Bertha, porquanto falar alemão de forma coerente significava integrar-se à cultura judaica e patriarcal que a submetia e apassivava. A língua materna não lhe salvava.

Mavrikakis (1998) vai lembrar do sintoma eloquente de Anna O.: por um momento ela se recusou a falar alemão e só se comunicava em inglês. Mais que isso: ela escrevia usando uma grafia encontrada nos seus livros de Shakespeare! Para a autora, a histérica produz uma tradução ruim que tende a se fechar em si mesma, interrompendo o jogo infinito das traduções psíquicas: "o deslocamento do afeto ao verbal é interrompido por uma somatização que desloca o sintoma, mas somente no mesmo sistema de signos, isto é, no corpo" (Mavrikakis, 1998, p. 78). A explicação para isso é evidente: as pacientes histéricas, de maneira geral e por razões diversas, não podem usar sua língua – aquela com a qual se comunicam – para falar de seus sofrimentos. (Mavrikakis, 1998, p. 77).

A tosse histérica, as dores no corpo, as alucinações, as variações de apetite: múltiplas traduções, via corpo, de um sofrimento inaudível até então.

AS TRADUÇÕES LITERÁRIAS DE BERTHA

Talvez nunca saberemos as razões que produziram o salto das traduções internas de Anna O. para as traduções externas de Bertha Pappenheim. O que sabemos é que, quase 10 anos depois do fim do tratamento tempestuoso com Breuer, ela publica, sob o pseudônimo Paul Berthold (1890), *In der Trödelbude*[3].

As histórias na coleção *In der Trödelbude* (na loja de objetos usados), de Pappenheim (1986) gira em torno de defeitos de objetos que encontram seu caminha numa loja de segunda-mão geridas por um homem desapontado pelo amor e pela vida. Na maior parte das histórias, os defeitos físicos são insígnias de honra. Os objetos ganharam seus ferimentos enquanto serviam outros ou eles se provam úteis apesar ou graças a seus defeitos. As manchas feias no laço antigo e chamuscado na história "O que o laço diz", por exemplo, é a evidência de um milagre. Um raio queimou o laço do vestido de uma bebezinha, mas deixo a criança incólume. Mais tarde a menininha conforta um menino que perdeu seu pai para um surto de tifo e diz a ele a história de seu "milagre". Ela mostra seu laço pra ele, o qual, costurado no paramento do altar, ganha lugar de honra na igreja da vila. Anos mais tarde, eles se encontram num museu de arte, no qual o laço é exibido. Reconhecendo um ao outro por causa do laço, aproximam-se, se apaixonam e se casam pouco tempo depois. (Loentz, 2007, p. 180).

São as primeiras traduções literárias, portanto, daquilo que antes vinha como sintoma histérico no corpo. Sabemos de um livro de histórias infantis, publicado de forma anônima, antes de *In der Trödelbude*. Temos acesso, também, a um poema, provavelmente de 1911, escrito por ela:

O amor não veio a mim -
Então vegeto tal qual uma planta
Num porão, sem luz.

O amor não veio a mim -
Então soo como um violino
Cujo arco se quebrou.

O amor não veio a mim -
Então mergulho no trabalho,
Vivendo as dores do dever.

O amor não veio a mim -
Então penso feliz na morte,
Como um rosto amigo.
(Pappenheim, 2014, s/p, tradução nossa)[4].

A voz passiva do primeiro verso – *Mir ward die Liebe nicht* – é eloquente. O lamento da solidão e de não conhecer a sexualidade é muito diferente quando aparece em um formato como o poema, e não na forma alucinatória de cobras no cabelo ou na impossibilidade de beber água... O que produziu tamanha mudança na capacidade simbólica/tradutiva de Bertha?

Observem que é provável que a transformação de Bertha, por mais radical que tenha sido, não a salvou do que parece ser uma posição mais melancólica no campo do amor. O amor parece mesmo ter permanecido sublimado no sentido social. Do incesto familiar à endogamia de sororidade judaica. Valeria a pena aqui insistir na tese de Bollas (2000) sobre a histeria: "o histérico decide perpetuar uma criança inocente como o âmago do *self*, esforçando-se em ser o menino ou a menina ideal por toda a vida" (p. 242).

AS TRADUÇÕES FEMINISTAS DE BERTHA

Em 1899, Bertha escreve uma peça de teatro – *Direitos das mulheres* – que marca uma transição entre os dois campos: o literário e o feminista. Na peça teatral, "dois personagens homens são representados como hostis às mulheres e as mulheres são retratadas como desamparadas e vítimas da exploração cínica feita por esses dois homens" (Rosenbaum, 1984, p. 16). Em 1912, Bertha publica o *Trabalho de Sísifo*, com textos dentre os quais destacamos *A imoralidade das mulheres na Galícia* e *Proteção das mulheres e das meninas* (cf. Pavan, 2020). Mais uma volta na tradução, portanto. Uma volta muito importante na espiral que propomos existir na história que leva Anna O. até Bertha Pappelheim:

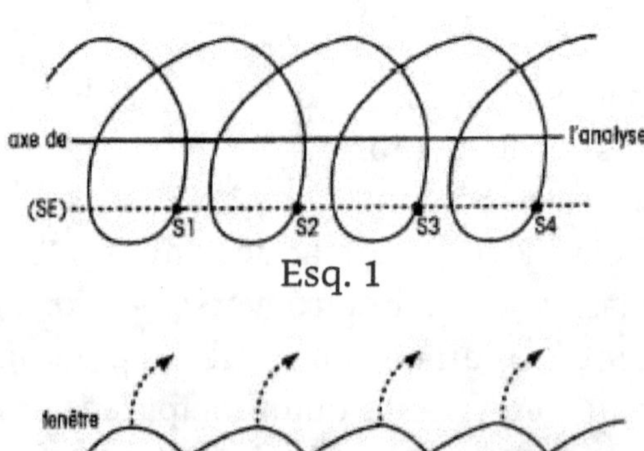

Esq. 1

Esq. 2

O esquema de Laplanche (1992, p. 435) indica como o sujeito vai passar de diversas formas pelo mesmo ponto (esq. 1), isto é, haverá muitos modos de dizer a mesma coisa, a mesma fantasia. O sujeito, no entanto, encontra uma janela para fora da análise (esq. 2), *transferindo a transferência* para outro campo, o campo da cultura. Minha hipótese é que o percurso de Bertha foi este: do protofeminismo histérico ao feminismo consciente e libertário.

O ato de salvar mulheres (judias) do tráfico de mulheres e da prostituição feito pelos homens (judeus) mostra uma Bertha completamente distinta daquela que se retorcia em seu quarto. Bertha, no entanto, não citará a psicanálise em seus textos como um tratamento recomendado para as mulheres traumatizadas que acolhe (Rosenbaum, 1984, p. 20). Ingratidão pós-tratamento? Ou ódio aos homens (judeus)? Ou ainda a recusa em admitir que as consequências das opressões políticas podem ser examinadas também intrapsiquicamente?

As hipóteses de encenação histérica (Didi-Huberman, 1982) ou de mitologia (Borch-Jacobsen, 1996) existem. A diferença entre Anna O. e Bertha Pappenheim é tão gritante que tais hipóteses ganham força. No entanto, mudanças subjetivas importantes ocorrem ao longo da vida de um sujeito. Além disso, há outros elementos historiográficos que mostram que Bertha realmente esteve em sofrimento psíquico agudo. A passagem de Anna O., por mais que tenha elementos fantasiados por Breuer e Freud, para Bertha Pappenheim tem mesmo a força de um caso clínico que nos inspira a pensar na clínica como parte de nossas lutas contra a opressão.

OUVIR ESTÓRIAS TRISTES

Mesmo que Bertha não reconheça explicitamente, suas incursões políticas e literárias podem ser vistas também como consequências de seu tratamento psicoterápico com Freud e

Breuer. É uma hipótese que será comprovada reiteradamente ao longo da história de nossas pacientes que fazem o percurso da passividade para alguma forma de emancipação e resistência.

É possível ler a história de Bertha como exemplo notável daquilo que Laplanche chama *transferência da transferência* e *transcendência da transferência*. Para o autor, a transferência nunca termina, pois ela está sempre presente em nossas relações. Estamos sempre traduzindo nossos enigmas originários, sempre desfazendo e refazendo nossas traduções, sempre sonhando e fantasiando para dar conta dos ataques internos da pulsão. Esses movimentos tradutivos constantes são reabertos em nossas relações amorosas mais variadas: na literatura, na religião, na família. Por isso Laplanche aponta para a transcendência – quase onipresença – da transferência. Muitas situações podem reabrir nossos conflitos internos, assim revelando oportunidades para traduções até então inéditas. Transferir a transferência seria o processo de sair da transferência analítica para outro campo transferencial que permite a continuidade desses processos tradutivos. Quando Bertha sai do processo terapêutico e vai para a política e para a literatura, acreditamos que ela está transferindo a transferência.

Sobre sua atuação política, já falamos anteriormente e queremos ressaltar como sua luta parece ser ainda uma luta contra a passividade. Ao invés do sintoma histérico, a luta contra a violência dos homens. É uma mudança muito impressionante e radical.

Não encontramos em nossa pesquisa nenhum artigo psicanalítico que tenha se detido sobre as narrativas literárias de Bertha. Nesse sentido, antes de terminar, gostaria de comentar um pouco sobre elas.

In the junk shop (Na loja de objetos usados) é um livro que começa com um conto de um abandono amoroso. Franz é abandonado por Eva Miller depois de ter escolhido deixar seu sonho de ser professor e assumir a loja de seu sogro (um antiquário) para poder se casar. Apesar de seu esforço amoroso, Eva o abandona por um "conde" – o príncipe que sempre desejara ao ler seus contos de fada. Tomado pela tristeza, Franz trabalha nesse antiquário e, à noite, escreve as histórias tristes que ouve desses objetos antigos e, tal como ele, abandonados.

As estórias tristes – como a do laço antigo citada acima – sempre terminam em um tipo de esquecimento, mas com a memória das boas experiências. A estória da gaiola, por exemplo, narra a longa convivência de um pássaro e seu dono. O dono fica pobre e a casa fica muito fria no inverno. O pássaro ainda tenta sobreviver e canta ainda uma noite antes de morrer. A gaiola no antiquário lamenta essa perda e se pergunta se ainda virá alguém apreciá-la.

A estória da caixinha de música, como ela mesma diz, não é para reiterar a sentença de ódio ou fingida resignação: "nunca espere gratidão por nada". Ela, apesar do que lhe aconteceu, se sente grata pelo que viveu, mesmo sabendo que será esquecida pelos netos e bisnetos de seus antigos donos – aos quais pôde alegrar tanto. A estória é simples. A caixinha de música pertence a dois irmãos, eles a ouvem muitíssimas vezes até que um irmão resolve desmontá-la, pois gostaria de ser um mecânico. Ele não consegue remontá-la na ocasião e só irá completar a tarefa anos depois, porém as peças foram estragadas quando ele a desmontou de forma desastrada, deixando-a com a música desafinada. Muitos anos se passaram e a filha permanece com o pai que está pobre e doente. O pai acha a caixinha de música e a coloca pra funcionar na janela. Graças à sua música estranha, o jovem que ali passava encontra seu pai e sua irmã, cujo contato havia sido perdido. Os netos vêm e vendem a caixinha de música agora sem história e sem valor. O moedor de café que ouvia a história reitera que é melhor mesmo "não esperar gratidão de ninguém" (Pappenheim, 1890/2008, p. 110), mesmo que a caixa de música acredite que sua história mostre o contrário.

O livro termina retomando a estória do conto inicial. A filha de Eva chega desesperada ao antiquário na qual Franz trabalha. A mãe havia morrido – ao que parece abandonada por seu príncipe – e só restava à pequena Theodorine, de 12 anos, vender uma caixinha de ouro com as pérolas herdadas da mãe.

Franz a reconhece e a adota, salvando-a – e também a si mesmo –
da miséria emocional.

Estórias de reparação, portanto, que reconhecem o
horror da convivência, mas também as múltiplas possibilidade
de redenção e reparação. Do outro livro, *Little stories for
children* (Pequenas estórias para crianças), temos uma sensação
semelhante: contos morais ora com final feliz, ora trágicos.
No conto que encerra o livro, *The little mermaid in the
pond*, a pequena sereia, "levada inconscientemente pelo seus
desejos" (Pappenheim, 1890/2008, p. 150), se esquece da
punição imposta às sereias e vai em direção ao homem por quem
se apaixonou. Ela deseja sair de seu poço frio e ser "envelopada
pela música, guiada por uma mão quente" (Pappenheim,
1890/2008, p. 150). Infelizmente, seu devaneio erótico termina
em morte cruel: o poço congela, e ela não pode voltar. Exausta,
ela repousa sobre uma pedra e morre.

Há, certamente, todo um trabalho interpretativo a ser
feito sobre a obra literária de Bertha. No entanto, para
nossos objetivos neste artigo, esses trechos são suficientes para
mostrar como o trabalho de sublimação, tal como pensado por
Laplanche, não deixa o sexual de fora. Ao contrário, é ainda uma
tradução do sexual, uma reabertura do trabalho tradutivo.

Se com uma isca de mentira podemos capturar uma
carpa de verdade, a capenga noção de sublimação em Freud
captura algo de uma experiência relatada pelos pacientes e por
artistas. Sejam diretoras, atrizes, escritoras, pintoras e, por que
não, trabalhadoras, elas nos contam um quê de uma satisfação
a respeito do movimento sublimatório, como transformar algo
de sua história, de suas vivências e de seus enigmas em
experiências compartilháveis. Por mais que algo do processo
possa ser angustiante e desorganizador para o sujeito, *a
posteriori*, o que se percebe nesse relato é algo dessa satisfação
sexual que tem nítidos efeitos de organização egóica. Pensarmos
essas experiências por outras lentes teóricas, seguindo uma
certa leitura de Laplanche, implicaria em compreendermos que
longe de ser um destino não-sexual, na sublimação preserva-

se algo do sexual, tanto de vida quanto de morte. Abrir-se a novas traduções, sejam elas sublimações ou não, envolve um trabalho de desligamento, e produzir novas traduções envolve um trabalho de ligação da pulsão. Bertha, nesse sentido, parece ter sido muito bem sucedida no movimento de transferir a transferência, pois ela produz traduções muito sofisticadas sem obturar o enigma.

A correlação entre transferência e sublimação, a partir dessa perspectiva, é inevitável. O trabalho criativo é posto em movimento a partir da situação transferencial com o enigma – o que Laplanche chama de *transferência em oco*. É a tentativa reiterada de dar sentido ao ataque pulsional que coloca o eu a trabalho, que o faz, com auxílio dos códigos tradutivos provenientes do outro, compor suas redes de sentido para lidar com a alteridade interna e externa.

Sublimar é dar uma resposta ao enigma de tal maneira que o processo tradutivo mantenha-se aberto. O movimento da sublimação é completo quando o objeto criado é endereçado ao outro de tal maneira que seus processos tradutivos também sejam reabertos. É exatamente isso que os contos de Bertha produzem. O gesto do sintoma foi compreendido por seus analistas, mas permanecia como linguagem quase privada. Já o gesto literário pôde ser estendido a um público mais amplo. Finalmente, o gesto político de salvar mulheres em apuros, acolhê-las e dar-lhes um lugar para recomeçar reproduz, na prática, o que ela tentou expressar via histeria e literatura.

Bertha fez um longo percurso. Como histérica, suas traduções funcionavam mal e permaneciam como uma linguagem privada. Na medida em que recebeu o acolhimento – e a tradução – de Breuer e Freud, novos movimentos tradutivos foram possíveis. De Anna O. para Bertha, da passividade frente ao outro à luta para libertar mulheres escravizadas, passando por uma sofisticada tentativa de tradução literária do sofrimento psíquico. Mesmo que ela não reconheça – como o moedor de café no conto da caixinha de música –, é provável que suas relações terapêuticas tenham auxiliado na transferência da transferência e também possibilitado as novas traduções que fez para além dos sintomas histéricos.

REFERÊNCIAS BIBLIOGRÁFICAS

Appignanesi, L. & Forrester, J. (2011). *As mulheres de Freud*. Rio de Janeiro: Record.

Bleichmar, E. (1988). *O feminismo espontâneo da histeria: estudos dos transtornos narcisistas da feminilidade*. Porto Alegre: Artes Médicas.

Bollas, C. (2000). *Hysteria*. São Paulo: Escuta.

Borch-Jacobsen, M. (1996). *Remembering Anna O.: a century of mystification*. New York: Routledge.

Didi-Huberman, G. (1982). *Invention de l'hysterie: Charcot et l'iconographie photographique de la Salpêtrière*. Paris: Macula.

Ellenberg, H. (1970). *Discovery of the unconscious: the history and evolution of dynamic psychiatry*. London: Fontana Press.

Freud, S. (1995). Estudos sobre histeria. *Obras psicológicas completas de Sigmund Freud*, vol. II. Rio de Janeiro: Imago. (Trabalho original publicado em 1895).

Hunter, D. (1983). Hysteria, Psychoanalysis, and Feminism: The Case of Anna O. *Feminist Studies*, Vol. 9, No. 3, http://www.jstor.org/stable/3177609.

Karpe, R. (1961) The Rescue Complex in Anna O'S Final Identity, *The Psychoanalytic Quarterly*, 30:1, 1-27, https://doi.org/10.1080/21674086.1961.11926195

Laplanche, J. (1984). *La sexualidad*. Buenos Aires: Nueva Visión. (Trabalho original publicado em 1969).

Laplanche, J. (1992). Du transfert: sa provocation par l'analyste.

In *La révolution copernicienne inachevée*. Paris: Aubier.

Loentz, E. (2007). *Let me continue to speak the truth: Bertha Pappenheim as author and activist*. Cincinatti: Hebrew Union College Press,

Mavrikakis, C. (1998). L'hystérique face aux symptômes de la traduction. In *Psychanalyse et traduction: voies de traverse*. Vol. 11, n. 2, https://doi.org/10.7202/037335ar

Pappenheim, B. (2008). *In the junk shop and other stories*. Riverside: Ariadne. **(Trabalho original publicado em 1890).**

Pappenheim, B. (2014, 2 de março). Love did not come to me. *The Clinical Psychologist's Bookshelf*. http://clinicalpsychreading.blogspot.com/2014/03/love-did-not-come-to-me-bertha.html

Pavan, C. (2020). Tradução de textos selecionados da obra de Bertha Pappenheim. In *outra travessia*, 29, UFSC. https://periodicos.ufsc.br/index.php/Outra/article/view/73270/45900

Rosenbaum, M. (1984). Anna O. (Bertha Pappenheim): her history. In Rosenbaum, M. e Munroff, M. (1984). *Anna O.: fourteen contemporary reinterpretatios*. New York: Free Press.

O EXTREMO NA ARTE: PASSIVIDADE ORIGINÁRIA E SUBLIMAÇÃO NA OBRA DE STELARC[5]

Fábio Belo

ARTE, VIOLÊNCIA E PASSIVIDADE

O tema deste texto é o extremo, e gostaria de abordá-lo a partir do exame de algumas obras de arte e da teoria da sublimação de Jean Laplanche (1989; 1999). Há muitíssimas formas de se deparar com o extremo na arte. A mais comum são as performances de artistas que se valem da violência, da mutilação ou da exposição da brutalidade humana.

Uma das obras que mais me chocaram, que sempre me convoca à tradução e ao diálogo, é o vídeo-instalação de Sigalit Landau no qual ela "brinca" com um bambolê de arame-farpado e dilacera a própria carne:

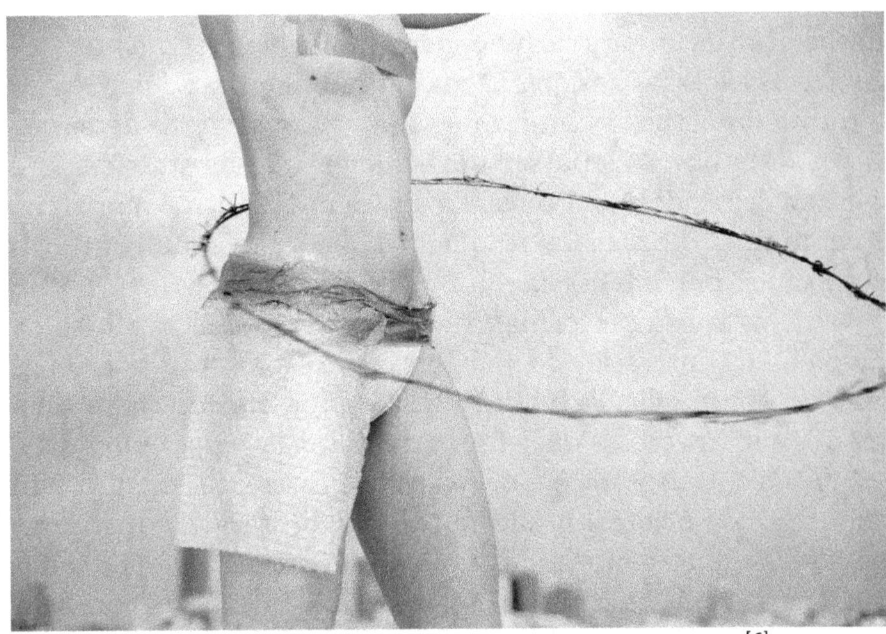

Figura 1 - Sigalit Landau (2000) - *Barbed Hula*[6]

A autora explica sua performance:
Esse ato de dessensibilização – girar um bambolê de arame
farpado – realizei ao nascer do sol em uma praia ao sul de
Tel-Aviv, onde pescadores e idosos vêm para começar o dia
e se exercitar. A praia é a única fronteira calma e natural
que Israel possui. O perigo é gerado da história para a vida e
para o corpo. Neste vídeo loop, estou realizando uma dança
do ventre hula. Trata-se de um ato pessoal e senso-político
que se preocupa com as fronteiras invisíveis, subcutâneas,
que envolvem o corpo ativa e indefinidamente. Todo o meu
trabalho está relacionado, de uma forma ou de outra, a uma
perda de orientação. A dor aqui é evitada pela rapidez do ato
e pelo fato de as pontas do arame farpado estarem voltadas
principalmente para fora.[7] (Landau, 2000, para. 1-3).

Mesmo com a interpretação política da autora, não
podemos deixar de ver, a partir da psicanálise, a relação entre o
brincar, o sexual, o exibicionismo e a violência. O ato – um tanto
infantil, um tanto erótico da dança e do rebolar –, articulado à

dilaceração da própria carne, poderia muito bem ser um protesto contra os excessos aos quais todas as mulheres são submetidas: a forma do corpo, a cintura delgada, o corpo-objeto desejável. A performance poderia ser uma maneira de mostrar como a captura desse ideal se dá pela via de um masoquismo mortífero. É como se a autora dissesse: olhem a que custo a mulher tem o corpo que o homem deseja.

Uma outra performance mostra como o extremo se dá também na interação do público com a artista: *Ritmo 0*, de Marina Abramovic. A artista deixa vários objetos sobre uma mesa e a instrução de que ela assumirá toda a responsabilidade sobre quaisquer interações que as pessoas presentes estabeleçam com ela e os objetos. A surpresa é que nessa performance as pessoas simplesmente começam a atacá-la, machucá-la e tratá-la efetivamente como um objeto.[8]

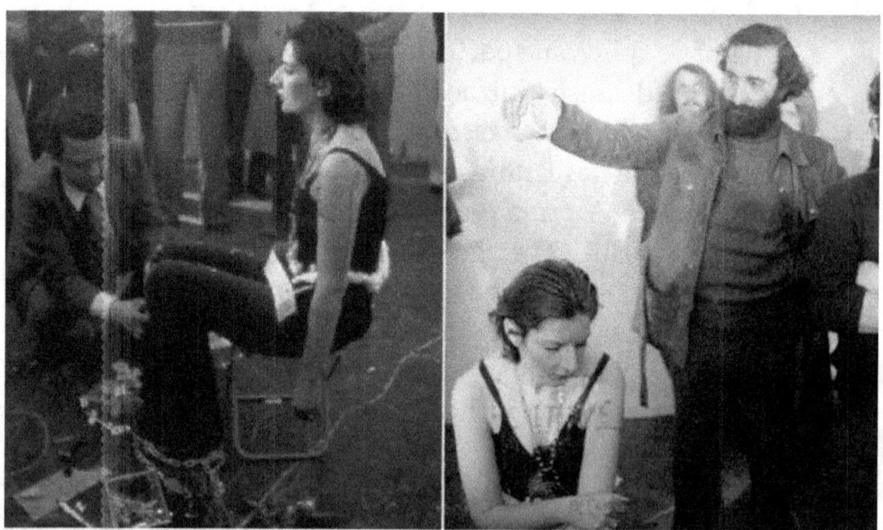

Figura 2 - Marina Abramovic - *Ritmo 0* (1974).

Uma vez mais podemos ler a performance como um tipo de *mostração* da passividade de como a mulher está submetida à violência, de como ela é gratuita, sexual e sádica.

Começo falando dessas duas artistas apenas para

explicitar a hipótese central que pretendo defender ao apresentar parte da obra de outro artista: Stelarc. Qual é essa hipótese? A arte pode ser usada como um recurso tradutivo para a passividade originária e para o masoquismo dela decorrente. É como se muitos e muitas artistas precisassem usar a via sublimatória para convocar a(o) expectador(a) para as cenas de passividade que todos nós experimentamos. Façamos um resumo da nossa teoria na próxima seção.

PASSIVIDADE ORIGINÁRIA, MASOQUISMO E TRADUÇÕES

Ribeiro (2000) e André (1996)[9] associam fortemente os termos passividade e feminilidade. Tenho criticado tal aproximação em alguns textos (cf. Belo, 2015, p. 69)[10]. A ideia geral dos autores é que a situação originária do bebê humano é de extrema passividade. Tal passividade se mostra, por exemplo, no caráter *orificial* do bebê: o seio que lhe penetra na boca é o paradigma de sua posição originária.

Dessa passividade decorre, necessariamente, o masoquismo. Esta é a tese de Laplanche (1968/1992)[11]: para que venha a se constituir uma fronteira entre o dentro e o fora, entre o eu e o outro, é preciso que a criança aceite tais fronteiras, que o prazer encontre um modo de circulação estável nessas barreiras de contenção do pulsional. A sujeição necessária para subjetivação é assim resumida por Ribeiro:

> Esse corpo, então, que num momento de hesitação entre a fragmentação e a totalização, delimita e localiza o que era pura excitação, transformando-a, assim, em excitação de alguma coisa; esse corpo que, ao ser delineado, revelará não somente o agente e o objeto da excitação, mas também sua violência fragmentadora e consumptiva, estará fadado ao recalcamento. O tempo entre sua delimitação e seu recalcamento é apenas um *flash*, o tempo de uma queda brusca, pois as forças que o constituem são as mesmas que o fazem mergulhar no abismo, do que ele será o próprio fundo. (Ribeiro, 2000, p. 223).

A constituição subjetiva, a partir dessa perspectiva teórica, se dá de modo conflitivo e radical. De um lado, as excitações provenientes do outro – endereçadas, implantadas na superfície psicofisiológica do bebê –, do outro, as excitações que vão se organizando e criando um contorno – o eu e seus duplos (a imagem própria, o corpo, o dentro e o fora). As excitações desligadas e que não conseguem contenção restam como *pulsão sexual de morte*, como *isso*, como objetos-fonte da pulsão, que atacam sem cessar o eu, composto, por sua vez, pelas excitações que se organizaram em redes de afeto e representações estáveis.

A passividade originária tem muitos destinos. Há códigos e narrativas sociais que nos ajudam a organizar as excitações provenientes dessa situação. O primeiro e o mais importante código que auxilia no recalcamento e na organização das excitações é o código de gênero. Ser homem e ser mulher, ser penetrante ou penetrável, logo, todo o campo do feminino e masculino. O gênero recalca a dispersão do sexual, dá-lhe sentido binário, empobrecido, mas organizado para o sujeito.

Há, todavia, muitos outros destinos para a passividade originária. O masoquismo propriamente dito é um deles. Desde a cena erótica mais banal – ser enforcado(a), levar tapas ou mordidas, ser penetrado(a) de forma mais violenta – até as cenas de violência contra si mesmo (automutilações, drogadições, comportamentos de risco): há um enorme espectro da passividade. A experiência religiosa ou a própria adesão aos ideais do trabalho, tudo isso serve como *tradução* do masoquismo.

A arte é uma dessas vias. Nas performances que mostramos anteriormente, fica evidente como é possível reviver ou reabrir a situação originária e ressignificar a passividade. Isso abre o ponto que gostaria de colocar em debate sobre a noção de sublimação (que retomaremos adiante): a sublimação é mesmo uma dessexualização?

Para que não reforcemos a articulação entre passividade e feminilidade, vamos falar de Stelarc[12], um artista que também leva seu corpo ao limite e que nos ajuda a pensar em diferentes destinos para a passividade. Que esteja claro: a passividade é originária. Sua articulação com o sexo e com o gênero são operações muito posteriores na vida da criança, mais articuladas ao recalcamento secudário do que com o recalcamento originário.

STELARC E O CORPO LEVADO AO EXTREMO

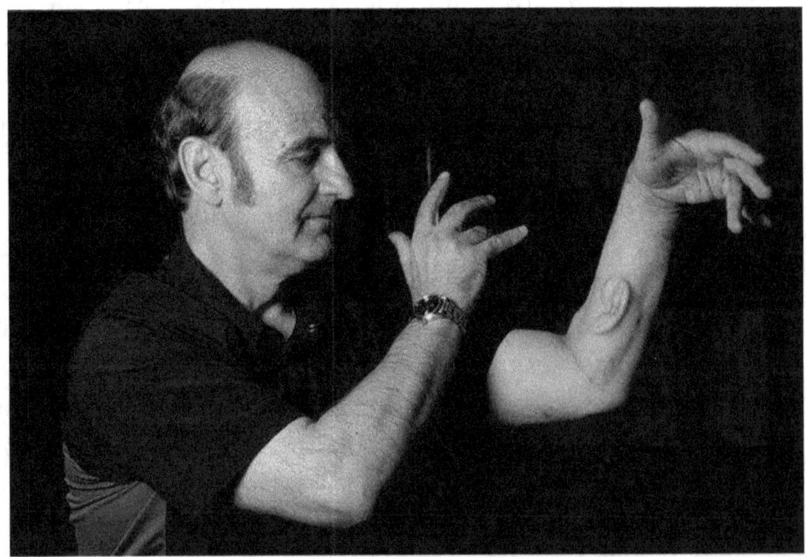

Figura 3 - Stelarc e o implante de
uma terceira orelha no braço.

Muito provavelmente o projeto mais polêmico de Stelarc, consistiu na criação de uma orelha orgânica com uma leve estrutura cartilaginosa a partir da sua própria genética, implantada em seu braço. É importante salientar que a orelha tem o mesmo design de uma orelha humana, mas uma função diversa: a ideia é agregar um pequeno microfone conectado diretamente à Internet via wireless, cujo propósito seria transmitir os sons ambientes remotamente. "Esse projeto é sobre a replicação da estrutura corporal, realocando-a e recriando-a para funções alternativas. Por exemplo, alguém em Veneza poderá ouvir o que minha orelha está ouvindo em Melbourne". (Moura,

2013, cap. 5).

A cirurgia do implante da orelha pode ser vista em vídeo[13]. Essa intervenção é uma das muitas por meio das quais o artista brinca com próteses. A ideia de Freud de que o humano é um deus de próteses é levada ao extremo por Stelarc. Resposta ao mal-estar proveniente da falibilidade do corpo, as relações que o artista produz entre o corpo e a máquina são impressionantes. Resposta também à passividade, à fragilidade, mas sem fazê-la desaparecer. Sua terceira orelha permite que qualquer um ouça o que ela ouve: um aparelho é situado na orelha do braço e transmite o que está ouvindo para vários museus em muitos lugares do mundo.

Stelarc produz uma série de obras que visam a acoplar próteses ao corpo humano. Mãos, braços, pernas, um exo-esqueleto[14]. Da mesma forma, seu terceiro braço, suas mãos de aço ou suas pernas de aranha sempre são executadas mantendo o paradoxo: as máquinas são conectas ao seu corpo, mas o controle delas é executada, por exemplo, por um computador que apenas produz comandos de movimentos aleatórios. Ao invés de um homem biônico que incrementa sua força – como o herói Homem de Ferro –, temos um fantoche que dança e é levado de um lado a outro, sem controle do corpo.

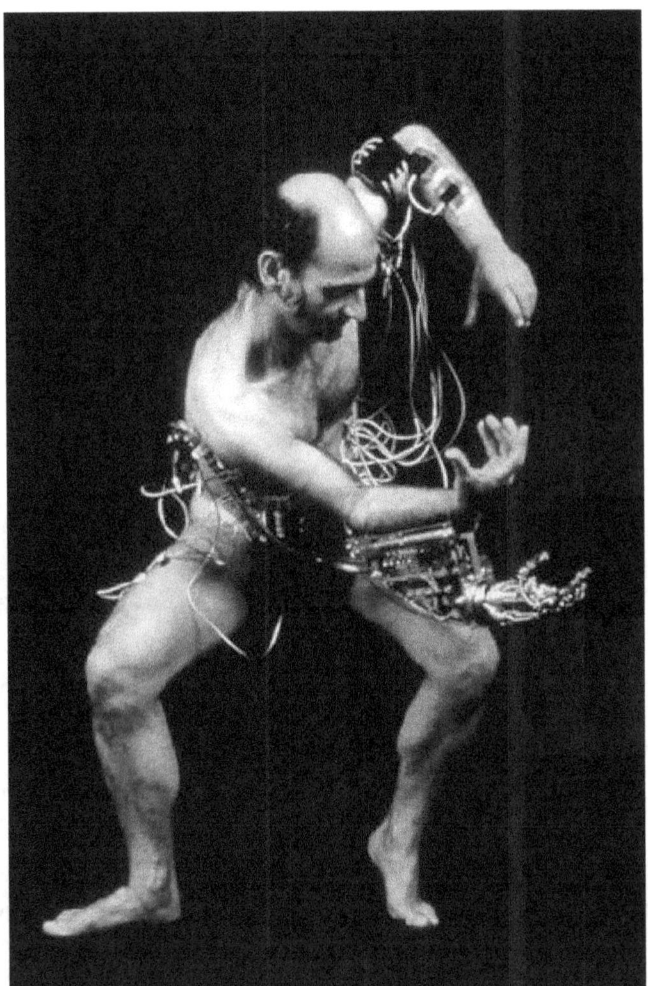

Figura 4 - Stelarc em performance interativa
com um terceiro braço robótico.

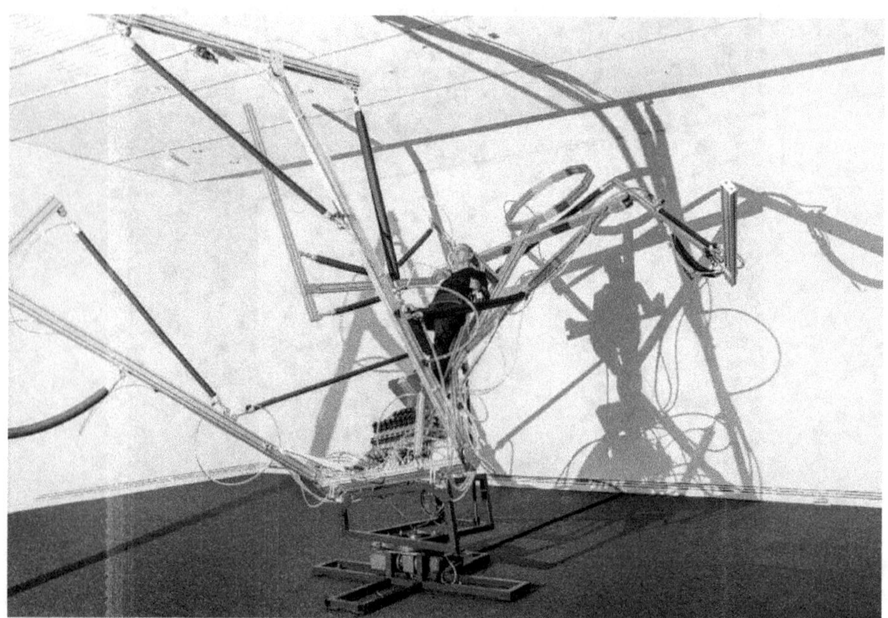

Figura 5 - Stelarc em performance com membros mecânicos. *Reclining stickman* (2020)[15].

Qual o sentido dessas obras? Dizer da fragilidade do corpo, mas também da potência – cheia de esperança – da interação entre o corpo e a máquina. A cirurgia da orelha pode apontar tanto para as cirurgias de recomposição de corpos feridos, quanto para a loucura sem fim das cirurgias estéticas e modificações corporais orientadas por ideais impossíveis.

Antes dessas obras, no entanto, Stelarc fez várias performances nas quais seu corpo era suspenso por ganchos. Falemos um pouco sobre elas.

A SUSPENSÃO DO CORPO

Em Freud (1900/1987, p. 370), encontramos várias interpretações dos sonhos de voar. Para começar, Freud recusa que o motivo do sonho sejam as sensações tácteis. Elas fazem parte do conteúdo, mas não são sua fonte. Freud destaca as brincadeiras nas quais a criança é suspensa pelos adultos e também a ereção do pênis como retomadas e simbolizadas nesse tipo de sonho. Ele ainda lembra que, apesar de típico, o sonho de voar ganha sentido singular a partir da história de cada sonhador. Para uma paciente, por exemplo, sonhar que voava significava realizar o desejo de não se contaminar com o chão sujo e ainda respirar acima das pessoas à sua volta.

Relembro essa passagem da *Traumdeutung* apenas para advertir quanto aos múltiplos sentidos possíveis trazidos pela representação onírica de um desejo. O gesto artístico está em continuidade com o sonhar. Brincar, devanear, sonhar e produzir arte (*dichten*) são formas complexas de representar o desejo e compartilhá-lo com o outro. Quando Stelarc suspende seu corpo por meio de anzóis e ganchos, ele produz uma imagem simbólica de múltiplos sentidos (destaco apenas aquele atrelado ao desejo de representar e dar tratamento à passividade).

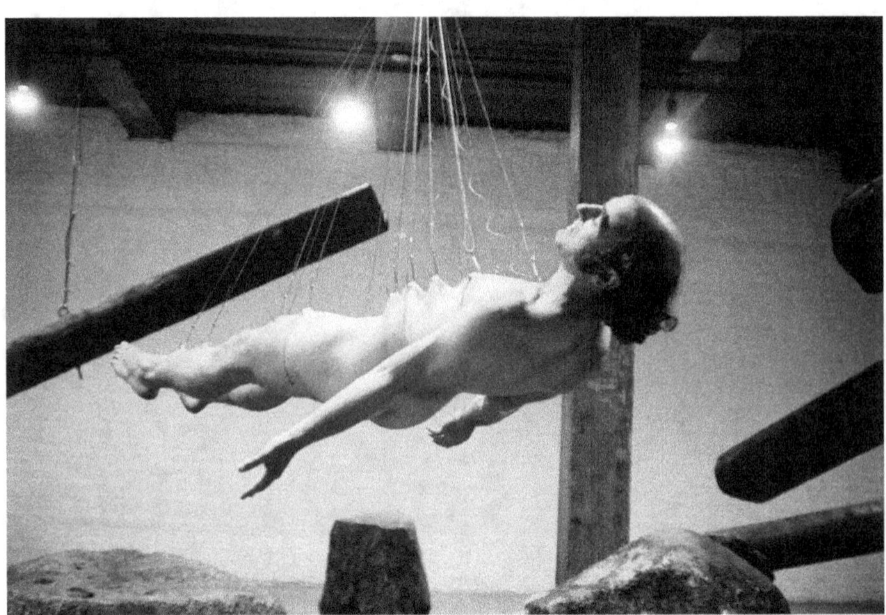

Fig. 6 - Internal / external: suspension for
obsolete body, Setarc (1983)[16]

A suspensão do corpo pode ser vista como um desejo ativo que realiza o sempiterno desejo humano de voar. Vencer a gravidade e toda forma de opressão que nos prende ao chão e também ao nosso próprio corpo. O "corpo obsoleto" (fig. 6) remete ao desejo de devir espírito e não estar mais aprisionado ao corpo. As crenças espíritas têm esta fonte onipotente infantil: uma parte de mim pode voar e não se submete às limitações do corpo. Isso poderá ser reencontrado na imagem mítica do mestre místico que flutua ao meditar. A performance *Sentando / Balançando* (fig. 7) remete nitidamente a essa prática. Como na famosa cena de *Star Wars* onde o personagem mestre Yoda ensina a fazer as pedras flutuarem. A instalação de Stelarc é brilhante: o uso da força gravitacional contra seu principal efeito sobre nosso corpo; ao invés de prendê-lo ao chão, o esquema de cordas e balanços faz com que o corpo se eleve.

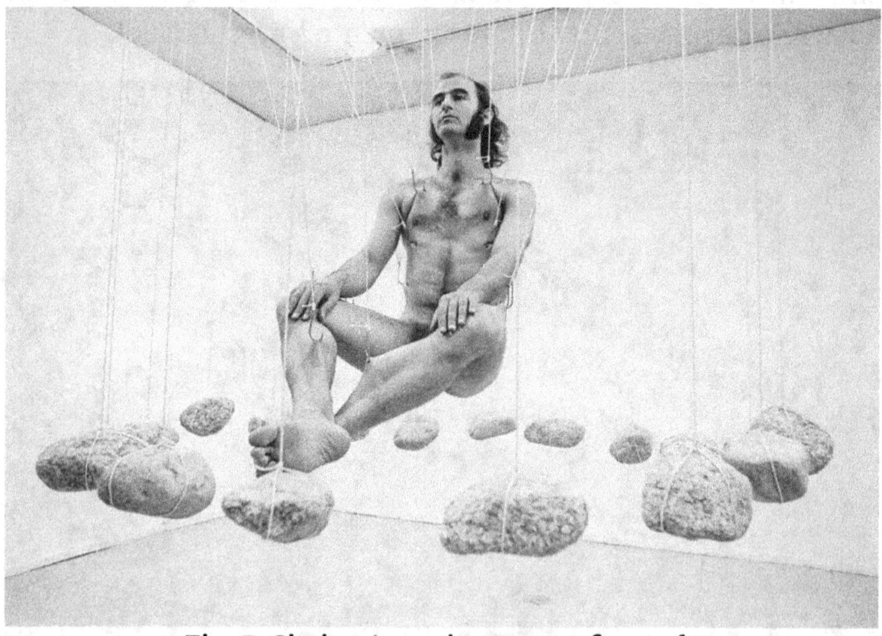

Fig. 7. Sitting/swaying: event for rock
suspension. Stelarc (1980).

Ora, mas é bastante evidente que, para obter a suspensão, o corpo deve ser perfurado e suportar uma quantidade considerável de dor. Ali onde víamos a atividade furiosa contra a gravidade, vemos a passividade extrema. Se a fonte do sonho de voar pode ser a brincadeira de ser suspenso alegremente nos braços de um adulto, ela também pode ser efeito dos solavancos e violência que faz "voar pelos ares" o corpo frágil da criança. Voar sempre traz a iminência de cair, machucar, espatifar-se. O corpo esburacado de Stelarc é a suspensão dessa iminência, uma cena ativa-passiva que controla, paradoxalmente, a angústia do despedaçamento e a impotência do corpo por meio do controle da dor da carne prestes à dilaceração.

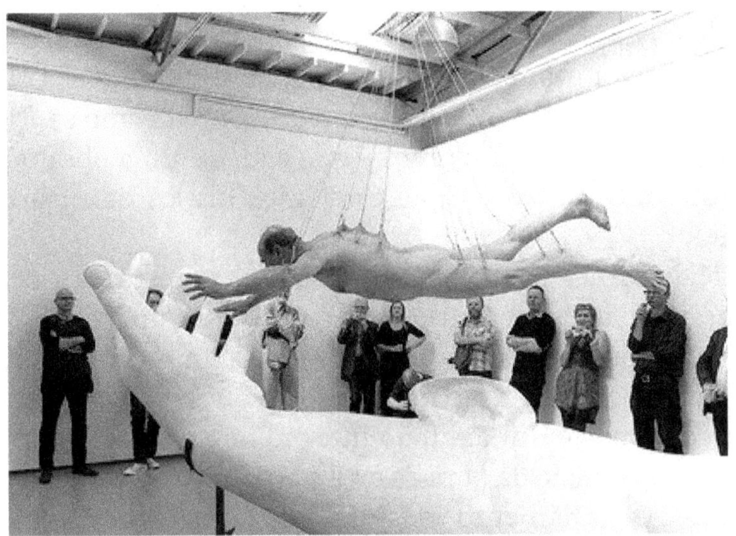

Fig. 8 - *Ear on arm suspension*. Stelarc (2012)

Nessa última imagem, Stelarc faz dialogar dois momentos de sua obra artística, sugerindo o diálogo entre ambas. A orelha implantada e as práticas de suspensão dizem, ambas, de uma atividade-passiva ou uma passividade-ativa que visa controlar, suspendendo o controle, as funções do corpo.

SUBLIMAÇÃO E SINTOMA

Finalizo esse texto propondo uma reflexão sobre a sublimação a partir da teoria de Jean Laplanche, pois as obras mostradas acima muito se associam às suas reflexões sobre o conceito. O autor é crítico da ideia geral de que a sublimação é uma dessexualização da libido. Ele a aproxima da simbolização e do sintoma. A sublimação seria apenas uma forma especial de recalcamento e/ou de simbolização, mas que mantém o sexual presente. Nas obras mostradas isso fica claro: a passividade, o masoquismo, a onipotência... muitos aspectos sexuais, da sexualidade infantil, estão presentes.

"... nossa questão redundaria em mostrar que talvez seja ilusório procurar uma sublimação, no sentido próprio do termo, que não esteja ligada ao recalque" (Laplanche, 1989, p. 210). Ou seja, não há uma produção artística que esteja livre dos conflitos psíquicos ou da influência do desejo inconsciente. Toda obra de arte é uma forma de realização do desejo, no mesmo sentido do trabalho do sonho. A diferença é que a arte é uma obra pública, e nossos sonhos são, até que estejamos dispostos a narrá-los, privados.

Mais tarde, Laplanche (1999) vai recuperar a noção de *inspiração*. A ideia geral do autor é que a sublimação é um tipo de resposta ao outro interno, ao enigma proveniente do inconsciente. A inspiração não vem das musas (como pensavam os antigos), mas é um agulhão interno que convoca o artista a simbolizar por meio da obra de arte o enigma que o ataca a partir de dentro. O movimento ideal da arte começa nessa resposta do artista e termina na convocação do enigma do espectador, mantendo vivo o enigma e o desejo de responder a ele. Quando vemos as obras de Landau, Abramovic e Stelarc não ficamos imunes: somos afetados e nos questionamos sobre as razões daquele fazer artístico, algo ali reabre nossas próprias respostas à nossa passividade originária.

Laplanche (1999) situa a sublimação, então, entre o sintoma e a inspiração. Não é qualquer um que encontra a via artística para traduzir sua passividade, também não é para todos o destino dos esportes radicais, nem de um casamento profundamente infeliz. O masoquismo tem destinos contingentes e profundamente articulados à história libidinal de cada um. Quanto ao sintoma, "uma certa simbolização não está ausente, mas sempre errática com relação ao conjunto do eu" (Laplanche, 1999, p. 323). Como não pensar na obra de arte a partir do paradigma do sintoma? É possível liberar o campo estético do conflito pessoal? Pensamos que não existe tal possibilidade.

Laplanche (1999, p. 337), não por acaso, aproxima a sublimação da transferência em oco (*transfert en creux*). Do que se trata? Para além da transferência comum – isto é, a repetição de relações passadas em relações atuais, a revivescência de afetos anteriores em situações presentes –, Laplanche faz notar uma transferência com o próprio enigma. Para além do "pleno" das imagos do romance familiar, o enigma que está aquém das identidades presentes ali. Laplanche se refere ao ponto da análise no qual paramos de ficar siderados/alienados (*désaisissement*) ao outro efetivamente ("minha mãe não gosta de mim", "tenho ódio do meu pai") para uma relação mais complexa e mais aberta com o enigma do desejo. O que eu quero, o que o outro quer de mim, como me satisfaço, como o outro participa dos meus prazeres: questões que enfrentam a alienação banal às identidades e colocam o sujeito a trabalho diante de um enigma para sempre avesso às certezas e às respostas prontas.

Ora, a arte é a explicitação desse enigma. A relação entre artista, objeto de arte e espectador acontece sob o imperativo da transferência em oco ou da transferência com o enigma, como prefiro chamá-la. As obras examinadas neste trabalho, por exemplo, ecoam em cada espectador de uma forma diferente e possuem a potência de reabrir o trabalho de resposta que demos à nossa passividade e ao nosso masoquismo. É essa a tarefa do artista, assim como a do analista, cada um a seu modo: guardiões do enigma, provocadores da transferência.

REFERÊNCIAS BIBLIOGRÁFICAS

André, J. (1996). *As origens femininas da sexualidade.* Rio de Janeiro: Jorge Zahar.

Belo, F. (2015). *Os ciúmes dos homens.* Petrópolis: KBR.

Freud, S. (1900/1987). A interpretação dos sonhos. In *Obras*

Psicológicas Completas de Sigmund Freud, vols. IV e V. Rio de Janeiro: Imago.

Landau, S. (2020). *Barbed Hula*. https://www.sigalitlandau.com/barbed-hula-2000

Laplanche, J. (1968/1992). La position originaire du masochisme dans le champ de la pulsion sexuelle. In *La révolution copernicienne inachevée*. Paris: Aubier.

Laplanche, J. (1989). *Problemática III: a sublimação*. São Paulo: Martins Fontes.

Laplanche, J. (1999). Sublimation et/ou inspiration. In. *Entre séduction et inspiration:* l'homme. Paris: PUF.

Moura, P. (2013, 14 de junho). Artista propõe o redesign do corpo humano para evitar envelhecimento. *Hypeness*. https://www.hypeness.com.br/2013/06/artista-propoe-o-redesign-do-corpo-humano-para-evitar-envelhecimento-2/

Ribeiro, P. (2000). *O problema da identificação em Freud: recalcamento da identificação feminina primária*. São Paulo: Escuta.

PULSÃO, DOR E AUTOLESÃO

Fábio Belo

Neste texto, gostaria de apresentar algumas hipóteses sobre o fenômeno da autolesão. Sintoma grave, esse que perpassa muitas categorias nosográficas e que tem tido uma incidência preocupante entre adolescentes, em especial as meninas. Minha hipótese central pode ser resumida assim: o corpo, enquanto metáfora do eu ou simbolização de uma parte do eu, é lesionado para que a dor provocada pelo ferimento simbolize um ataque interno proveniente da pulsão. O masoquismo da autolesão é uma forma de ligar, portanto, a excitação desligada e fragmentadora, é uma maneira de se apoderar de uma passividade. É possível pensar que a passividade originária, oriunda das seduções constitutivas, foi excessivamente traumática nesses casos. O sujeito, então, fica preso no paradoxo de ser ativo, apassivando-se por meio dos ferimentos auto-infligidos.

CORPO E CONSTITUIÇÃO PSÍQUICA

Do ponto de vista da metapsicologia freudiana, é importante lembrar que "o eu é, acima de tudo, um eu corporal, ele não é apenas um ser de superfície, mas é, sim, ele mesmo, a projeção de uma superfície." (Freud, 1923/1999, p. 253). Impossível, portanto, falar da autolesão sem passar pela relação entre corpo e narcisismo. Ali onde, de forma geral, há uma superfície protetora, marca de uma fronteira entre o interno e o externo, a prática de autolesão coloca em xeque a estabilidade desse envelope (Anzieu, 1989), por assim dizer. Retomemos Freud:

(... é uma hipótese necessária: que uma unidade comparável ao eu não pode existir no indivíduo desde o começo; o eu tem de ser desenvolvido. As pulsões autoeróticas, no entanto, estão ali desde o início; sendo, portanto, necessário que algo seja adicionado ao autoerotismo, uma nova ação psíquica, para que se forme o narcisismo. (Freud, 1914/1999, p. 142).

O *eu*, a partir da noção de narcisismo, pode ser compreendido como um objeto libidinal como outro qualquer. O que é essa "nova ação psíquica" sugerida por Freud necessária para que o eu se constitua? Temos duas hipóteses: a primeira delas diz respeito ao recalcamento originário, operação de defesa psíquica radical que separará, de uma vez por todas, o eu de um lado e o inconsciente do outro. O *eu*, segundo essa teoria, seria um arranjo de representações libidinalmente investido que serviria, primordialmente, como contra-investimento em relação aos elementos que permaneceram inconscientes.

Essa primeira hipótese se coaduna com a concepção de aparelho psíquico como um todo, tal como postulado por Freud (1914/1999): "Reconhecemos nosso aparelho anímico como sendo, sobretudo, um meio destinado ao domínio das excitações que de outra forma seriam sentidas como penosas ou patogênicas." (p. 152). A constituição do eu é radicalmente tributária desse domínio das excitações. O eu é um tipo de circuito pelo qual a pulsão deve se inscrever, impedindo sua dispersão – o que seria sentido como um violento ataque de angústia.

Já nossa segunda hipótese, não excludente em relação à primeira, parte da concepção da referida nova ação psíquica como um tipo de aporte narcísico proveniente do outro, um adulto cuidador. Esse aporte é constituído por diversos elementos, dentre os quais destacamos: o *holding* (Winnicott, 1965, pp. 42-43), que libidiniza o contorno corporal; a identificação por parte do adulto de que há um sujeito ali, no bebê; o acolhimento da identificação espontânea do bebê com relação ao adulto; e o endereçamento de códigos tradutivos (Laplanche, 2015a) que auxiliam o bebê a traduzir/dominar as excitações que lhes são implantadas no período originário.

As duas hipóteses sobre a nova ação psíquica nos levam a pensar o corpo como lugar primordial de investimento por parte do outro. O corpo metaforiza o próprio sujeito para o adulto que se encarrega do bebê. Em adição, é o alvo dos investimentos que, a um só tempo, atacam e servem (ou servirão) de combustível para as defesas contra esses ataques. Estamos supondo que o investimento que constitui a tópica corporal é o contra-investimento com relação às excitações pulsionais não elaboradas dessa situação originária. O fenômeno da autolesão apareceria quando esse contra-investimento falha ou exige mais força para funcionar. A dor, assim como veremos na próxima seção, tem um papel fundamental aqui.

A DOR COMO PSEUDOPULSÃO

Quando falha o investimento pulsional – que liga as representações que constituem e mantém o eu estável –, é possível utilizar a dor como uma pseudopulsão, termo importante sugerido por Freud (1915/1999 [1915], p. 249). Ali onde o paraexcitações (o contra-investimento) deveria funcionar para conter a angústia, a dor advém para estancar o sofrimento psíquico. É esta a leitura de Laplanche (1998) a qual acompanhamos: "a reação dolorosa substitui o limite material, estável, que é o para-excitações, por essa espécie de limite funcional que é justamente a ligação." (Laplanche, 1998, p. 183). O autor continua:

São numerosas e impressionantes as perturbações no investimento do próprio corpo, que repercutem, provavelmente por intermédio de modificações no ego, em tal estado psíquico: ... o ferimento físico é uma profilaxia do traumatismo psíquico, assim como a dor somática é também o que nos cura bruscamente do amor. Situações que, apesar de tudo, estão muito próximas uma da outra, se considerarmos, com Freud, que o amor é uma espécie de empobrecimento do ego em libido, uma espécie de fuga do ego, no sentido em que se fala de uma fuga de um líquido ou de uma fuga energética. A dor é o que vem opor-se ao amor, reconcentrar a libido num único ponto e impedir essa fuga energética. (Laplanche, 1998, p. 213).

A dor é o que vem opor-se ao amor: como apontamos na seção anterior, o aporte narcísico do outro é a nova ação psíquica necessária para a constituição do eu. Quando o amor fracassa nessa tarefa, o eu precisa recorrer a outros procedimentos para investir sua fronteira, para dar consistência à sua tópica – isso é fundamental para garantir a distinção entre o que é eu e o que é outro, entre o que está dentro e o que está fora. Na impossibilidade de investimento narcísico, o masoquismo parece ganhar relevo como posição libidinal. Demantova (2017) resume bem o que vimos até aqui:

A dor física funcionaria aqui como um envoltório substituto de continência buscando compensar as falhas e fissuras desse Eu-pele mal constituído e de uma alteridade que não conseguiu ser integrada. Na escarificação a dor física é solicitada de maneira imperativa, já que o sujeito não consegue expressar seu sofrimento psíquico de outra forma. A dor física e a ferida provocada pelo corte possibilitariam um contrainvestimento narcísico no corpo desses adolescentes, oferecendo um tipo de imobilização, mesmo que de forma passageira, das tensões psíquicas vivenciadas. Essas excitações poderão ser, de certo modo, circunscritas na ferida dolorosa por meio da ativação de um masoquismo erógeno, dada sua função de ligação e de intrincação do pulsional. (Demantova, 2017, p. 88).

Antes do uso masoquista da dor, porém, é importante salientar que a dor, tal como solicitada de maneira imperativa na autolesão, atua, segundo Dargent e Matha (2011, p. 170), como um contra-investimento em relação a um sofrimento psíquico intolerável que ultrapassa a capacidade de ligação do aparelho psíquico. As excitações pulsionais desorganizadoras ficam temporariamente controladas, na medida em que são substituídas pela dor. Pode-se assimilar a dor "a uma forma de fixação-regressão localizada no nível corporal que constitui um freio ao risco de desorganização e de perda do limite" do eu (Dargent & Matha, 2011, p. 170).

É interessante, no contexto da autolesão, pensar sobre as diferenças e as correlações entre a angústia e a dor, tal como apontado por Pontalis (2005): "a angústia é comunicável, apelo indireto ao outro; a dor só pode ser gritada – mas esse grito não a aplaca em nada – para voltar a cair mais adiante no silêncio onde ela se confunde com o ser" (p. 271). Seria o caso de se pensar no percurso analítico de pacientes que se autolesionam indo da dor à angústia, e daí a formas mais elaboradas, por assim dizer, de afetos.

O importante a se destacar é que, nos casos de autolesão, é provável que estejamos falando da dor desempenhando o papel de paraexcitação (Belo, 2012). Isso, por sua vez, geralmente decorre da precariedade da simbolização do contorno corporal. Ali onde deveria ter havido uma identificação totalizante e unificadora, a dor comparece para fazer as vezes de marcador real de um contorno que ameaça se decompor.

... além de ser um sinal que indica a presença do corpo, a dor pode, também, ser uma via de apropriação do corpo. É interessante notar que o que está em jogo aqui não é necessariamente a percepção da unidade corporal, mas uma percepção do corpo enquanto fragmentário, que pode ser feita através da sensação da dor. O órgão dolorido oferece o conhecimento de partes do corpo e não da sua imagem unificada. (Fortes, 2013, p. 290).

Tarefa fundamental também é refletir sobre como a dor aparece como mensagem, tanto para quem a emite quanto para quem a recebe. Na cultura das bioasceses contemporâneas, a dor é vista como algo que convida à saúde (como explicitado no popular lema das academias de ginástica: *no pain, no gain*), mas também é execrada como algo que deve ser eliminada o quanto antes (a medicalização imediata). Isso vai ao encontro do que já foi articulado por Belo (2012), isto é, o paraexcitações – mesmo que seja a dor – se articula aos códigos sociais desde muito cedo. Essa fronteira sensorial, que forma a tópica corporal e do eu, vem, desde o início, atrelada aos discursos e práticas sob as quais vivem os cuidadores do sujeito a ser constituído.

Na medida em que a dor física parece ser uma via facilitada para traduzir a dor psíquica de alguns dos pacientes que praticam a autolesão, é de fundamental importância que nos debrucemos sobre a problemática do masoquismo. É o que faremos a seguir.

A SOLUÇÃO DE COMPROMISSO MASOQUISTA

A hipótese de Matha (2010, p. 262) quanto à autolesão é uma das mais frequentes na literatura psicanalítica sobre o assunto: trata-se de um recurso ao ato, sob a forma de ataque dos envelopes corporais, que aponta para uma falência da capacidade de contenção. A atividade fantasmática precisa encontrar limite via corpo, buscando uma figuração concreta do que não conseguiu ser simbolizado de forma mais abstrata. O corpo funciona, nesses casos, como um apoio sensorial, oferecendo-se como superfície de projeção susceptível de favorecer o trabalho de figuração e de abrir a via de representações psíquicas internas.

Ainda segundo Matha (2010, p. 263), o corte doloroso encarna a efração traumática ligada à revivescência das fantasias originárias, essas para as quais o sujeito adolescente tentará uma figuração a serviço da ligação por meio do retorno contra si e inversão pulsional (passividade em atividade). A dor da autolesão é uma tentativa de simbolizar o arrombamento traumático causado pelo pulsional. A autolesão faz a troca: dilaceramento do corpo ao invés do dilaceramento do eu.

A experiência traumática exige simbolização, ou seja, requer uma tentativa de controlar o excesso pulsional que ela produz. A autolesão seria uma forma de o sujeito transformar uma situação vivida de forma passiva em uma experiência ativa. O conceito fundamental para compreendermos essa inversão é o masoquismo. Trata-se de uma tentativa de fazer circular o prazer da apropriação da passividade mesmo que à custa de muita dor. Provocar a abertura é ainda manter-se aberto, vulnerável, como se o sujeito dissesse para si mesmo: "sou frágil e posso ser aberto a qualquer momento, mas sou eu quem me abro e apenas eu". No entanto, colocar-se na posição de autor da agressão, e não apenas como objeto, resolve, em alguma medida, o aspecto mais disruptivo do trauma.

O recurso ao corpo, num movimento de regressão narcísica, aponta também para uma extrema dificuldade nas relações duais apresentadas pelos pacientes em questão. O corpo do outro não funciona como campo de descarga das excitações. O recurso a essa linguagem topográfica do corte dá "a primazia à expressão no espaço em compensação a uma dificuldade de utilizar uma linguagem inscrita na temporalidade" (Matha, 2010, p. 279).

Diante dessas hipóteses metapsicológicas, a proposição de tratamento clínico que se impõe, a partir de uma leitura inspirada nas indicações de Jean Laplanche, é aquela que diz da necessidade de apalavrar aquilo que está sendo dito na forma do ato, simbolizar ali onde há uma insistência do ato, deslocar a dor física para a dor psíquica a fim de simbolizá-la de forma menos violenta e invasiva.

DA FERIDA À CICATRIZ

> Há, então uma mensagem pré-consciente-consciente comprometida pelo inconsciente do emissor e uma tentativa de tradução pelo receptor, tradução, podemos dizer, intrassemiótica: por contribuição ou, ainda, por tentativa de criação de um novo código, de um idioleto. Digo "por contribuição" porque frequentemente a criança não cria por inteiro esse idioleto da tradução: ele lhe é socialmente proposto. É após essa tentativa de tradução que se produz a clivagem entre um pré-consciente e um recalcado inconsciente .... Esse pré-consciente traz a cicatriz desse fracasso. Nossa esperança, nossa sorte, como profissionais, é que exista, hoje e sempre, o parcialmente traduzível e que, finalmente, a cicatriz nos permita reconstituir alguma coisa da mensagem inicial que nos conduza a uma nova tradução que englobe um pouco mais a mensagem total. (Laplanche, 2015b, p. 129).

A experiência clínica com pacientes que se autolesionam exigirá do analista o trabalho dessa nova tradução mencionada por Laplanche, a invenção de um novo código que possa traduzir a dor de forma psíquica e simbólica de forma a diminuir a repetição compulsiva e mortífera da efração corporal.

Tal encaminhamento clínico deve ser feito levando em consideração que o corpo funciona como "recurso transicional compensatório" (Matha, 2010, p. 280) para as simbolizações que não puderam abstrair-se do físico. Isso, nitidamente, funciona sempre: é preciso uma longa história libidinal para que o corpo nos sirva de apoio também na circulação pulsional prazerosa.

Não estamos de acordo com Matha (2010) quando ela afirma que a escarificação é uma atuação não simbolizada. Supomos, antes, que o ponto seja insistir em graus de simbolização do pulsional. O uso do corpo é um modo traduzir invasões traumáticas. Isso já é uma simbolização. No entanto, entendemos que tal simbolização pode ser vista, em alguns casos, como precária e pode ser deslocada para novas traduções menos mortíferas.

É importante pensar nos códigos sociais que agenciam o corpo como lugar de simbolização, em especial, no que tange à perfuração, modificação, etc. Piercings, alargadores, cirurgias plásticas, tatuagens: não são poucos os fenômenos sociais aceitos como simbolização funcional. É isso que torna a hipótese de uma falha simbolizante, quanto à autolesão, problemática. Poder-se-ia argumentar que é um sintoma que ocorre na solidão, mas isso não se confirma em muitos casos, pois há compartilhamento de imagens e modos de se autolesionar, por exemplo, entre adolescentes.

Voltemos à citação acima de Laplanche. Insistimos no fato destacado por ele de que a criança não traduz tudo sozinha. Entretanto, quais os recursos tradutivos encontrados por essas pacientes que trazem a autolesão como sintoma? O que é proposto socialmente? A dor passa a ser uma via de acesso ao corpo vivido:

Em contraposição às tecnologias de objetificação do corpo e à cultura fitness, na qual paradoxalmente o grande investimento no corpo mascara a possibilidade de uma relação autêntica com ele, as modificações corporais tentam resgatar a dimensão subjetiva do corpo, o vivido corporal. ... a dor é um anacronismo que deve ser suprimido, um escândalo intolerável numa sociedade que não reconhece mais nem o sofrimento nem a morte como constitutivos da condição humana .... A autenticidade da dor, como investimento subjetivo na matéria corporal presente nas modificações corporais, constitui uma resposta a uma cultura de anestesia sensorial e de patologização da dor e do sofrimento. (Ortega, 2008, p. 64).

Antes de patologizar o recurso da dor, portanto, é importante, portanto, notar que ele faz referência a um quadro mais amplo. Arcoverde (2013), Otto e Santos (2016) e Ferreira e Costa (2018) apontam em suas pesquisas como as redes sociais virtuais têm sido um lugar de recepção e envio de mensagens que organizam e simbolizam a autolesão. Se, por um lado, vimos que a autolesão pode ser lida como precariedade de simbolização, por outro lado não podemos deixar de notar que estamos falando de um recurso muito utilizado e compartilhado.

AUTOLESÃO E FRAGMENTAÇÃO

O curta-metragem *Cutting* (2016), de Gabriela Ribeiro, é o relato de uma mulher que descreve o momento de uma autolesão. Ela diz que esse momento é um lugar entre a destruição e a anestesia. O filme começa mostrando a personagem num museu ou galeria de arte, apreciando filmes e fotografias. Essa imagem reforça uma ideia mencionada anteriormente: a simbolização presente na arte não será suficiente para a personagem. Pensemos aqui em como a sublimação tem sido vista como um recurso contra a dor, e como, reiteradamente, temos notícia do artista que sucumbe apesar de seus processos criativos.

"Quando eu tô com muito medo, eu me corto toda. É quando eu volto pro lugar de onde eu vim. ... De uma maneira ou de outra, essa dor me descansa. Vivendo essa alegria, eu posso transbordar aquilo que já não brota mais em mim" (Ribeiro, 2016): o discurso poético da personagem nos ajuda a perceber como a dor serve mesmo como paraexcitação, como contenção para o medo/angústia. A intensidade da dor, por mais paradoxal que seja, "descansa" o eu. Paradoxo reiterado na imagem que faz o sangue quando jorra para fora do corpo, um sinal da vida que não é sentida ou não faz sentido.

Na visita à galeria de arte ou nos livros espalhados pelo chão, o filme coloca em foco toda a capacidade de simbolização da personagem. A questão, estamos vendo, em alguns casos clínicos não traz a ausência ou a precariedade da capacidade de simbolização como um todo. Podemos pensar nos processos de cisão aqui envolvidos, o que parece muito bem representado numa cena que encarna esse paradoxo da simbolização e sua precariedade, qual seja, a personagem diante de uma fotografia de uma mão que sangra (autolesionada, provavelmente):

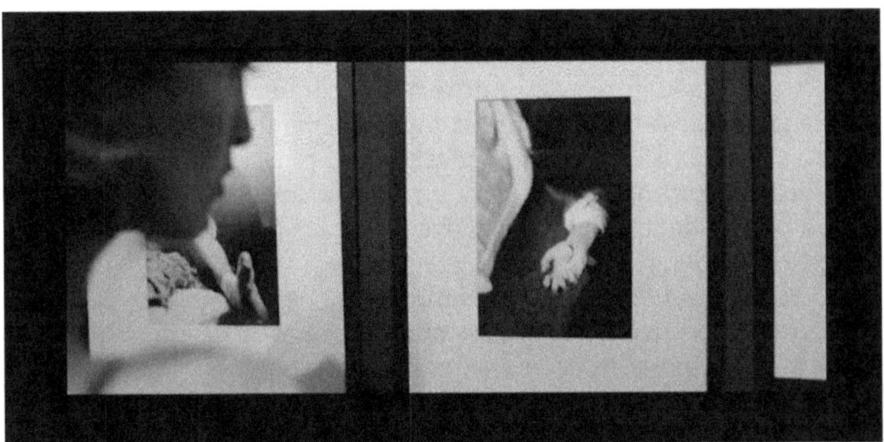

Fig. 1 - Imagem do filme *Cutting* (Ribeiro, 2016, 5'08")

O corte como simbolização, portanto, não como fracasso. A passividade das origens é reencontrada, reaberta no corpo. A repetição metaforizada do traumático é a solução de compromisso masoquista que visa retirar o outro da cena, reduzindo-o à cicatriz deixada pelo corte: "Uma cicatriz deixada por um corte é uma assinatura própria de uma dor que, se não poderá ser evitada, não será permitida a qualquer um" (G. Ribeiro, comunicação pessoal, 2020)[17].

O curta ainda traz uma metáfora visual muito poderosa. Na cena anterior ao corte que a personagem faz em sua perna, ela quebra um espelho e se olha nos fragmentos:

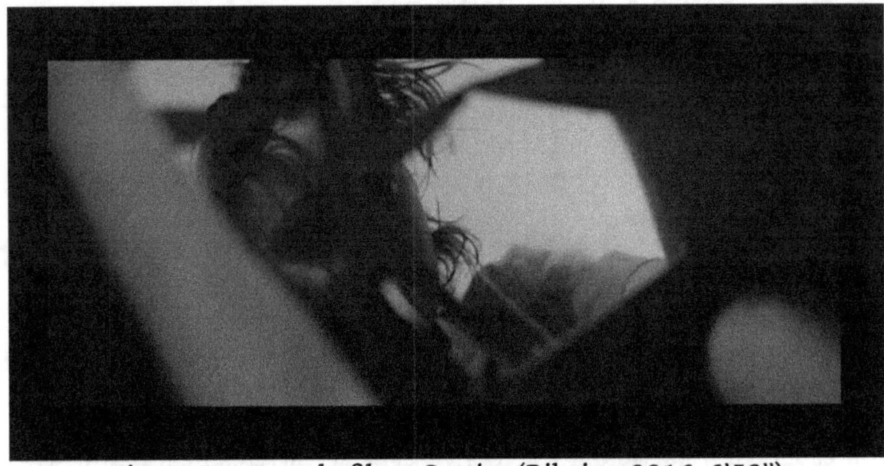

Fig. 2 - Imagem do filme *Cutting* (Ribeiro, 2016, 6'50")

Uma hipótese importante se desenha aqui: a fragmentação narcísica é uma espécie de autotomia, isto é, a capacidade de fragmentar-se, de arrancar um pedaço de si para que outros pedaços de si possam sobreviver. A metáfora é de Ferenczi:

A autoplastia precede sempre a autotomia. A tendência para a autotomia é inicialmente completa; entretanto, uma corrente oposta (pulsão de auto-conservação, pulsão de vida) inibe a desintegração e impele para uma nova consolidação, desde que a plasticidade resultante da fragmentação o permita. (Ferenczi, 1930/1994, p. 220).

Ferenczi (1930/2011) vê vantagens nessa fragmentação: 1) a criação de superfícies de contato maiores a partir da fragmentação, o que torna a possibilidade de descarga afetiva mais possível; e 2) a fragmentação faz com que o sofrimento não se articule ao sujeito como um todo, mas a várias partes de si: "... faz desaparecer o sofrimento simultâneo de um desprazer de múltiplas faces. Cada fragmento sofre por si mesmo; a unificação insuportável de todas as qualidades e quantidades de sofrimento é eliminada" (Ferenczi, 1930/2011, p. 282).

Seria a autolesão resultado de uma fragmentação desse tipo descrita por Ferenczi? O eu-psíquico cindido do eu-corpo? O eu que machuca o corpo e depois cuida do corpo? Aliás, é importante destacar a possibilidade de continuidade da cena de autolesão, que é o cuidado dos ferimentos, sua exibição para um determinado público, etc. Mais uma vez, demonstrando que pode não haver precariedade de simbolização, mas uma simbolização específica, mais agressiva, presente na paciente que se autolesiona.

Retomemos o que dissemos na primeira seção desse texto: o *eu* é um envelope narcísico, envelope libidinal, cuja superfície é o próprio corpo. A autolesão é uma espécie de fragmentação que retoma a junção entre o somático e o psíquico. O masoquismo se apresenta em manter essa junção sempre no limite: a dor que sinto é interna-externa, no limite do dentro-fora.

"Meu nome? Eu sou quem você não vê. O seu tempo tá passando depressa demais pra me tornar visível. ... eu sou aquela que você não vê, só uma lembrança; aquela que você nunca vai ter" (Ribeiro, 2016): é dessa forma que o filme de Gabriela Ribeiro finaliza. A autolesão também traz esse paradoxo de deixar visível algo que não se pode ver. Muitas vezes, o lugar da autolesão não é publicamente visível, é um espetáculo particular. Outras vezes, as cicatrizes ficam à mostra, produzindo um enigma para o outro: qual é a história dessa cicatriz?

CUTTING (THE) CU(N)T

Gostaria de terminar este artigo comentando brevemente o interessante capítulo de Bollas (1992). Nele, o autor inglês irá apresentar o que parece ser o discurso ficcional de uma paciente que se corta. Antes do relato de "S", Bollas elenca algumas interpretações clássicas das razões pelas quais ela se corta: "S se corta porque ela está testando limites. É teste de fronteira." (p. 138). É como se ela estivesse questionando:

'quem deve controlar meu corpo? Seria você? Como ousa'. Devemos solicitar que ela fale de seu sentimento de que seu corpo não está mais sob controle. ... Cortar é um alívio. A paciente corta para se livrar de seus conteúdos internos persecutórios, os quais ela coloca para fora concretamente ao sangrar, unindo dessa forma o eu com o supereu numa aliança de prazer na dor. (Bollas, 1992, p. 138).

A partir dessas hipóteses iniciais, Bollas abre uma seção do texto - "S" - e começa o relato ficcional de uma paciente. Vejamos alguns trechos: "O que eu celebro quando corto? Eu amo a passagem do tempo, o intervalo entre a incisão e a chegada do sangue. ... Sem efluência de óvulos. Sem bebês mortos aqui. ... o sangue é puro" (p. 139). A associação entre o sangue que brota do corte e o sangue menstrual que sai da vagina é produzida por um jogo de palavras da paciente:

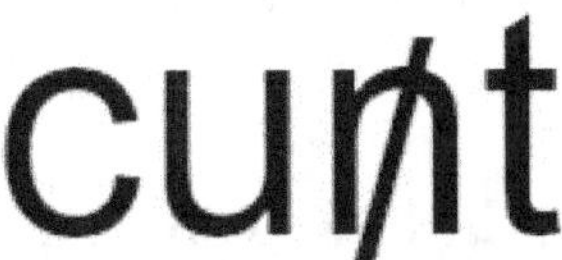

Fig. 3 - Jogo de palavras "corte/buceta" (*cut/ cunt*) explorado por Bollas (1992)

"Eles não podem com esse sangue, eles não conseguem lidar com isso, nossa buceta/corte, que se move pelo nosso corpo para novos lugares secretos" (p. 140): uma produção incessante de vaginas/ cortes. A interpretação de Bollas (1992) também aponta para uma simbolização mais complexa, e não uma incapacidade de simbolizar a dor. Nesse caso, já bastante vinculada aos códigos de gênero, já bem articulados ao recalcamento secundário:

Meu corte/buceta choca o analista. ... esse corte/buceta não tem interior nele, sem dobras complexas de pele fazendo camadas para meus interiores. Eu presenteio os doutores com um modelo médico de meu corte/buceta, sem caminho interno para o corpo, apenas uma representação de superfície para a familiaridade diagnóstica. (Bollas, 1992, p. 141).

A paciente ainda comenta que, no hospital, outras pacientes comparam seus cortes: quem tem o maior, o mais profundo, o mais longo, atrativo, repelente? Mais uma vez, a partir desse tipo de comparação, parece-nos que a simbolização envolvida na autolesão pode convocar o olhar do outro de múltiplas formas, apontando para aspectos exibicionistas presentes também no sintoma. O que, mais uma vez, nos diz de uma complexidade de simbolização presente aqui.

CONSIDERAÇÕES FINAIS

Deixamos, ainda, algumas questões para investigação futura: quais as relações entre o fenômeno da autolesão e o mundo virtual? Como se dá a incidência da autolesão em homens e mulheres? Quais as diferenças que o gênero produz na sintomatologia associada à prática de autolesão? Como se dão a incidência e o sentido da autolesão em quadros nosográficos distintos como a histeria e a psicose, por exemplo? O que causa, nas origens, as distinções entre a autolesão que será acompanhada pelo exibicionismo ou uma forma de conter a dor e o destino no outro lado espectro, ligado a um masoquismo mortífero, inclusive associado ao suicídio? São questões complexas que exigem ainda pesquisas e muita escuta das pessoas que têm se valido desse enigmático sintoma para lidar com seus sofrimentos.

REFERÊNCIAS BIBLIOGRÁFICAS

Anzieu, D. (1989). *O eu-pele.* (Rizkallah, Z. e Mahsuz, R., Trad.). São Paulo: Casa do Psicólogo.

Arcoverde, R. (2013). *Autolesão e produção de identidades.* Dissertação de mestrado, UNICAP – Universidade Católica de Pernambuco, Recife, Pernambuco, Brasil.

Belo, F. (2012). O paraexcitações (Reizschuts) e a paraskeuê. *Psicologia em Estudo*, 3 (17), 425-433.

Bollas, C. (1992). Cutting. In Bollas, C. (1992). *Being a character: psychoanalysis and self experience.* New York: Hill and Wang.

Dargent, F. e Matha, C. (2011). *Blessures de l'adolescence.* Paris: PUF.

Demantova, A. (2017). *Escarificações na adolescência:* corpo atacado, corpo marcado. Dissertação de mestrado. Universidade Federal do Rio de Janeiro – UFRJ/ IP, Rio de Janeiro, Brasil.

Ferenczi, S. (1930/1994) Each adaptation is preceeded by an inhibited attempt at splitting. Notes and fragments. In *Final contributions to the problems and methods of psychoanalysis*. London: Karnac.

Ferenczi, S. (1930/2011). Notas e fragmentos. In *Obras Completas Sándor Ferenczi*, vol. 4. São Paulo: Martins Fontes.

Ferreira, J., Costa, P. (2018). Mensagens sobre escarificações na internet: um estudo psicanalítico. *Ayvu: Revista de Psicologia*, 2 (4), 133-159.

Fortes, I. (2013). A dor como sinal da presença do corpo. *Tempo Psicanalítico*, 1 (45), 287-301.

Freud, S. (1999). Das Ich und das Es. In Freud, S. *Gesammelte Werke*. (Vol. XIII, pp. 235-290). Frankfurt am Main: Fischer. (Obra original publicada em 1923).

Freud, S. (1999). Die Verdrängung. In Freud, S. *Gesammelte Werke*. (Vol. X, pp. 247-261). Frankfurt am Main: Fischer. (Obra original publicada em 1915).

Freud, S. (1999). Zur Einführung des Narzissismus. In *Gesammelte Werke*. (Vol. X, pp. 137-170). Frankfurt am Main: Fischer. (Obra original publicada em 1914).

Laplanche, J. (1998). *Problemáticas I: a angústia.* (Cabral, A., Trad.). São Paulo: Martins Fontes.

Laplanche, J. (2015a). Castração e Édipo como códigos e esquemas narrativos. (Calich, J., Trad. [coord.]). In *Sexual: a sexualidade ampliada no sentido freudiano 2000-2006*. Porto Alegre: Dublinense, pp. 280-287.

Laplanche, J. (2015b). *Os fracassos da tradução.* (Calich, J., Trad. [coord.])

Laplanche, J. (1998). *Problemáticas I: a angústia.* (Cabral, A., Trad.). São Paulo: Martins Fontes.

Matha, C. (2010). De l'inscription à la représentation. Les scarifications à l'adolescence comme recherche de symbolisation. *Psychiatrie de l'enfant*, LIII(1), pp. 255-283.

Ortega, F. (2008). *O corpo incerto: corporeidade, tecnologias médicas e cultura contemporânea*. Rio de Janeiro: Garamond.

Otto, S.; Santos, K. (2016). O Tumblr e sua relação com práticas autodestrutivas: o caráter epidêmico da autolesão. *Psicologia Revista*, 2(25), pp. 265-288.

Pontalis, J-B. (2005). *Entre o sonho e a dor*. (Berliner, C., Trad.). São Paulo: Ideias & Letras.

Ribeiro, G. (2016). Cutting. Disponível em: https://vimeo.com/158044730

Winnicott, W. (1965). *The Maturational Processes and the Facilitating Environment: Studies in the Theory of Emotional Development*. London: The Hogarth Press and the Institute of Psycho-Analysis.

PARTE II

A REPETIÇÃO NA OBRA DE YAYOI KUSAMA

Christian Pierre de Brito Gonçalves

O presente trabalho realiza uma breve apresentação da história da artista plástica japonesa Yayoi Kusama Nagano, assim como de sua produção artística, e faz uma articulação com a teoria da sedução generalizada de Jean Laplanche. Kusama trata-se de uma artista de grande relevância internacional, tendo uma de suas obras (*Narcissus Garden*) exposta no terraço do Centro Educativo Burle Marx, no museu Inhotim, em Brumadinho-MG.

YAYOI: VIDA E OBRA

Yayoi Kusama Nagano nasceu em 1929 na cidade de Matsumoto, no Japão, em uma família burguesa tradicional. Aos 10 anos de idade, ela começou a ter alucinações auditivas e visuais, onde padrões ao seu redor ganhavam vida e se multiplicavam infinitamente, ao ponto de tomá-la completamente. De forma a não ser totalmente invadida pelas alucinações, com essa mesma idade começou a desenhar e pintar compulsivamente.

A família de Yayoi era rica, responsável pela gestão de imóveis e empresas de armazenamento e venda de sementes por atacado, que eram cultivadas por eles em grandes fazendas.

Sua mãe se interessava muito pelos negócios e trabalhava compulsivamente. Ela era uma mulher muito violenta e odiava ver a filha pintando. Yayoi conta que a mãe a agredia violentamente quando ela estava pintando e destruía suas telas. Além disso, a mãe a obrigava a trabalhar na empresa da família de forma exaustiva, mesmo quando ela estava no período de provas da escola (Larrat-Smith & Morris, 2013).

O relacionamento dos pais de Yayoi era diariamente muito conturbado, e, por isso, o pai passava muito tempo ausente de casa. O mesmo era controlado pela esposa, que era quem detinha o poder sobre as finanças da família. Dessa forma, o pai não tinha lugar em casa e era desmoralizado (Larrat-Smith & Morris, 2013).

Na adolescência, Yayoi obteve a permissão dos pais para estudar na Escola Municipal de Artes e Ofícios de Quioto, o que foi também uma oportunidade para fugir da violência da mãe. Entretanto, ela raramente frequentava as aulas, pois achava a escola conservadora e os professores desatualizados em relação ao que acontecia no mundo moderno. Ela preferia ficar em seu dormitório pintando quadros. Na mesma época, Yayoi diz ter sofrido um "surto nervoso", o que ela acredita ser decorrente da forma como a mãe a impedia de fazer arte. Então, pela primeira vez, recebeu tratamento psiquiátrico (Larrat-Smith & Morris, 2013).

Após dois anos estudando em Quioto, Yayoi retornou a Matsumoto em 1950. Nesse período, ela se afastou da pintura tradicional japonesa *Nihonga,* que aprendeu na escola em Quioto, e se aproximou do cubismo e do surrealismo. Ainda em Matsumoto, Yayoi realizou suas primeiras mostras individuais. Determinada a se tornar uma artista reconhecida, Yayoi buscou contato com artistas dos Estados Unidos da América (EUA) e acabou recebendo uma oferta para realizar uma exposição em Seattle. Somou-se a isso o apoio e os conselhos da pintora estadunidense Georgia O'Keeffe, com quem ela se comunicava por cartas. Yayoi, então com 28 anos de idade, decidiu se mudar para os EUA em 1957. Após 6 meses vivendo em Seattle, ela partiu e se instalou em Nova York no ano de 1958, cidade onde teve que enfrentar o domínio masculino no mundo artístico. Na época, esse domínio era tão grande que muitas comerciantes de arte não exibiam os trabalhos de outras mulheres (Larrat-Smith & Morris, 2013).

Yayoi recebeu muitos elogios e admiração de renomados críticos de arte no início de sua carreira. Apesar disso, não foi fácil alcançar o sucesso que tanto buscava. Particularmente, foi muito doloroso para ela ver que alguns colegas alcançavam reconhecimento às custas de ideias que, na verdade, eram suas. Um exemplo se deu em 1965, quando

> Kusama criou o primeiro ambiente de sala espelhada do mundo, um precursor do Quarto de Espelho Infinito, na Galeria Castellane, em Nova York. Como um homem se preparava para ir à Lua, Kusama foi a única a perceber o crescente interesse do público pelo infinito. Ela respondeu a esse conceito desalentador por meio de um ambiente aparentemente interminável.
>
> Poucos meses depois, em uma total mudança de direção artística, o artista de vanguarda Lucas Samaras expôs sua própria instalação espelhada na bem mais prestigiada Galeria Pace.
>
> Atormentada e abatida, Yayoi se jogou da janela de seu apartamento. (Pound, 2018, para. 13-15).

Após se recuperar, Yayoi se dirigiu à Bienal de Veneza em 1966, onde encenou de forma extraoficial sua obra *Narcissus Garden*. Mesmo sem convite e autorização, espalhou em um gramado frente à principal sala de exposições 1500 bolas de aço inoxidável espelhadas e as vendeu por US$2 a quem passava, até que a polícia a retirou do local. A obra acompanhava uma placa onde estava escrito "seu narcisismo à venda", o que transmitia, de forma irônica, sua crítica ao sistema da arte e a seus sistemas de repetição e mercantilização. Sua intervenção provocou, além de sua retirada da Bienal de Veneza, seu banimento até o ano de 1993, quando voltou como representante do Japão (Larrat-Smith & Morris, 2013).

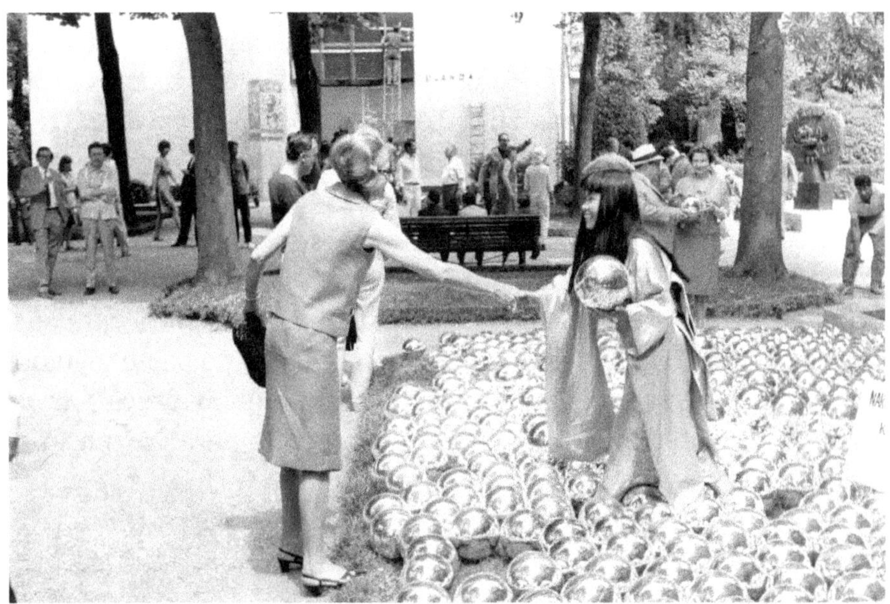

Imagem 1 - Yayoi Kusama - *Narcissus Garden* - 1966

Após retornar de Veneza para os EUA, Yayoi passou a encenar atos de protestos políticos e de crítica ao sistema em locais públicos e movimentados. Muitos desses atos envolviam nudez, o que provocou escândalos em sua família no Japão, e gerou críticas por parte da imprensa estadunidense – que a acusou de estar em busca de publicidade. Decepcionada por conta da incompreensão com que sua obra era recebida, ela se deprimiu e decidiu retornar de forma definitiva para sua terra natal, em 1973. Já no Japão, a artista tentou dar continuidade ao seu trabalho, que mais uma vez foi incompreendido. Sem o apoio da família, sentindo-se rejeitada e incapaz de pintar, tentou suicidar-se novamente (Larrat-Smith & Morris, 2013).

Por conta de seu desejo insuportável pela morte, Yayoi decidiu procurar mais uma vez por tratamento psiquiátrico. Ela acabou por encontrar um hospital em Tóquio onde os médicos aplicavam a arte terapia, então se internou por livre vontade em 1977. Acolhida pelos profissionais, Kusama se viu capaz de voltar a fazer arte, se refugiando inicialmente na escrita. Desde então, Yayoi vive nesse hospital e concilia seu tratamento com sua produção artística. Para isso, ela se divide entre o hospital psiquiátrico, onde mora e seu estúdio, que fica próximo ao hospital. Em relatos, diz tomar medicação psiquiátrica diariamente, menos quando vai pintar ou criar alguma obra de arte (Larrat-Smith & Morris, 2013).

Yayoi relata que seu trabalho artístico é uma expressão de sua vida e, particularmente, de sua doença mental. Ainda hoje, diz sofrer de uma neurose obsessiva. Ela relata que sua arte tem origem em suas alucinações – em grande parte visuais, que surgem de forma obsedante. Sua produção artística é uma tradução de suas alucinações, da qual se vale para enfrentar o medo que sente delas, porém é também uma forma de se curar de sua doença. Seu discurso é de que cria arte para curar a humanidade. Segundo a artista plástica, a arte é a forma que encontrou para evitar o suicídio.[18]

A ARTE COMO TRADUÇÃO

A história de Yayoi Kusama nos permite refletir sobre os efeitos das mensagens enigmáticas que o adulto dirige à criança e os seus impactos em sua constituição subjetiva. Além disso, nos alerta sobre as graves consequências que podem ocorrer quando essas mensagens são carregadas de extrema violência. A partir do caso, percebemos ainda como a cultura e a arte possibilitam o empreendimento de uma elaboração organizadora (Martinez, 2012).

O ponto de partida desta análise é a infância de Yayoi, assim, o momento de sua vida em que era "cuidada" pela mãe. Em seus relatos, Kusama sempre traz um descuido por parte de sua mãe para com ela. Independente disso, as mensagens transmitidas pela mãe eram enigmáticas para a criança. E, por serem excessivas, carregadas de violência e desprovidas de afeto, se tornaram de difícil tradução. Por não ter sido possível realizar essa tradução enquanto infante, permaneceu em um lugar de passividade em relação a mãe, tendo que recorrer desde muito cedo à arte como tentativa de tradução do enigmático (Martinez,

2020).

Dada essa *situação antropológica fundamental*, que consiste na relação de passividade da criança em relação ao adulto (Martinez, 2020), nos perguntamos o que provocava o inconsciente dessa mãe para que ela respondesse com tamanha violência, e qual satisfação a resposta encerrava para ela, entretanto, não será este o nosso foco.

Para Laplanche, há um traumatismo que se estabelece no encontro entre as linguagens adulta e infantil. Tal traumatismo decorre de um erro de tradução, por parte da criança, acerca da sedução adulta sobre seu corpo. A dificuldade de tradução decorre de um sentido que é ignorado, justamente por ser a expressão do inconsciente do adulto (Campos, 2012).

A teoria da sedução generalizada está estruturada sobre três registros, que são o registro temporal, o registro tópico e o tradutivo. O registro temporal se refere a teoria do traumatismo em dois tempos, postulando que as inscrições no inconsciente se dão a partir de dois acontecimentos separados no tempo, porém interligados. No intervalo entre um e outro, ocorre uma mutação do acontecimento que permite ao sujeito responder de forma diferente ao segundo acontecimento (Laplanche, 1988).

O primeiro tempo do traumatismo é o do terror, pois o sujeito é confrontado com uma "ação sexual altamente significativa", cuja significação não é assimilável. A lembrança do primeiro acontecimento não é patogênica em si e, por isso, permanece latente. Ela só se torna traumatizante após a sua recordação, que se dá a partir de um segundo acontecimento associado ao primeiro. O sujeito, entretanto, reage à lembrança, e não ao novo acontecimento em si (Laplanche, 1988, pp. 111-112).

O sujeito lida com esse "tempo autotraumatizante" através de uma "defesa patológica" que se dá através do recalcamento. O traumatismo remete, então, a um aspecto tópico: no primeiro tempo, o eu recebe um ataque externo, ao qual não dispõe de meios para se defender. No segundo tempo, o eu já possui esses meios, porém, ao mesmo tempo, se encontra parasitado, atacado em seu interior o que leva ao autotraumatismo. A sucessão de acontecimentos é uma reinscrição e, ao mesmo tempo, uma tradução (Laplanche, 1988, p. 112).

Para Laplanche (1988), toda e qualquer mensagem veiculada pelo adulto em direção à criança é sedutora, isso por veicular um desejo inconsciente que é enigmático. Por *sedução originária*, ele entende a situação fundamental através da qual o adulto direciona significantes verbais e não-verbais à criança, os quais são "impregnados de significações sexuais inconscientes" (Laplanche, 1988, p. 119). Tais significantes são enigmáticos, pois despertam na criança um questionamento acerca do que o outro quer dele.

A generalização da teoria da sedução se dá a partir do mecanismo do recalcamento, ou seja, em decorrência da falha na tradução das mensagens enigmáticas. É a partir do recalcamento originário que ocorre a formação do inconsciente e o surgimento do circuito pulsional. A pulsão deriva dos restos inconscientes e intraduzíveis que sobram do processo de simbolização dos significantes enigmáticos, que Laplanche (1988) nomeia como *objetos-fonte da pulsão*.

Retomando tal articulação com o caso da artista em questão: quando criança, Yayoi teve que lidar com mensagens violentas, provenientes principalmente de sua mãe. Lembremos que, para Laplanche, essa violência é sempre sexual, pois coloca em movimento a dinâmica sadomasoquista tanto na relação mãe e filha, quanto na relação com o objeto interno que não cessa de reproduzir os ataques sofridos. Portanto, as mensagens comunicadas a ela parecem ter ocorrido sob a forma de intromissão, ou seja, desacompanhadas de recursos de elaboração psíquica. Para Laplanche, isso acarreta em uma "falha radical de tradução", tal como descrito por Tarelho (2012, p.103), o que explica a presença de corpos estranhos em seu psiquismo, impossíveis de traduzir. Esses corpos se impõem a Kusama através de suas alucinações.

Diferentemente do processo de "implantação", que dá lugar

a uma retomada ativa e simbolizante, nesse caso, ocorre uma "intromissão", uma variante violenta da implantação e que atinge predominantemente as funções orais e anais do corpo erógeno, onde essa retomada ativa não tem lugar, pois as mensagens são intocáveis. (Tarelho, 2012, p.103).

Estas mensagens intromissivas provocam uma pane no processo de simbolização e de diferenciação das instâncias psíquicas, se colocam como enclaves psicóticos no interior do psiquismo. Tratam-se de mensagens intraduzíveis que permanecem no inconsciente, à espera de sentido, ainda que seja um sentido delirante (Tarelho, 2012).

Entre a psicose e a neurose obsessiva, Yayoi dispõe de recursos de elaboração e simbolização das mensagens enigmáticas que passam especialmente pelo método da repetição. Isso parece ser explicado pelo fato da artista lidar com seus enclaves psicóticos, que se apresentam nas alucinações, como uma tentativa de tradução através da arte. Trata-se de uma tentativa, uma vez que a tradução desses corpos estranhos é impossível, e é justamente isso que leva Kusama a uma "repetição infinita" em sua arte, dado que o processo de simbolização nunca se esgota.

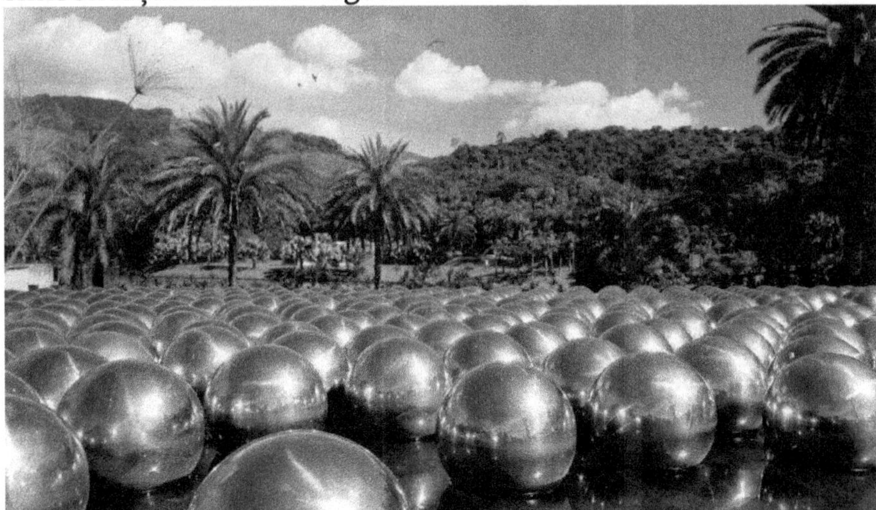

Figura 2 - Narcissus Garden - 2009[19]

Importante observar como a obra *Narcissus garden* de 1966 (figura 1) vai se transformando, o que indica um processo de elaboração da artista. Na versão de 2009, presente no Museu Inhotim, a obra ainda mantém seu aspecto crítico. A artista critica a volatilidade e a fragilidade do narcisismo, além de sua flutuação, em bolas espelhadas que boiam sobre a superfície da água.

Yayoi diz, em seus relatos, que o sexo e a comida eram objetos que a aterrorizavam e, ainda, que eram a causa de suas obsessões (alucinações). De forma a lidar com esse horror, ela buscava recriar esses objetos em sua arte, e, à medida em que repetia a ação, os objetos iam se tornando mais familiares. Com isso, mantinha o horror à distância (Raone, 2020).

O tema da perda de identidade é central na obra de Yayoi. Ele pode ser claramente percebido em sua obra *Infinity Mirror Room - Phalli's Field*, exibida pela primeira vez em 1965 na galeria Castellane de Nova Iorque. A obra consistia em uma sala espelhada que refletia as imagens dos objetos presentes na sala infinitamente, incluindo a imagem dos corpos dos visualizadores. O chão da sala foi coberto por um tapete de onde brotavam protuberâncias de tecido com estampa de poá (ou bolinhas). As protuberâncias tinham o formato de falos, esticados e eretos, porém não idênticos. As imagens infinitamente refletidas criavam no visualizador uma incerteza fenomenológica e psicológica, dado a dificuldade de traduzir a obra quando o público se deparava com ela. Ao se perceberem presos ao caleidoscópio, era como se as certezas do espectador desaparecessem dado a ausência de um ponto real de ancoragem (Applin, s/d).

Muitas vezes, dada a insistência dos corpos estranhos em suas alucinações, Yayoi pintava dia e noite sem descansar, até ser vencida pela exaustão. Por mais que tentasse, sua arte não era capaz de corrigir a "falha radical de tradução". Quando as telas acabavam, continuava pintando sobre as mesas, o piso e até mesmo sobre o próprio corpo. Nessas telas, Kusama expressava suas alucinações, as quais lhe davam a sensação de que os padrões se expandiam infinitamente e a envolviam, fazendo-a desaparecer. Esse processo, tanto das alucinações quanto de seu trabalho artístico, é nomeado pela própria artista como uma "obsessão" (Raone, 2020).

A arte de Yayoi é caracterizada pelo uso repetitivo de bolinhas e padrões que cobrem extensas superfícies, assim como em sua série de obras denominada *Infinity Nets*. Seu trabalho é permeado pela ilusão da multiplicação de imagens através do posicionamento de espelhos, suas esculturas de acumulação, onde formas fálicas se multiplicam aderidas a objetos de uso cotidiano, além do uso dos temas sexo e morte em suas criações (Raone, 2020).

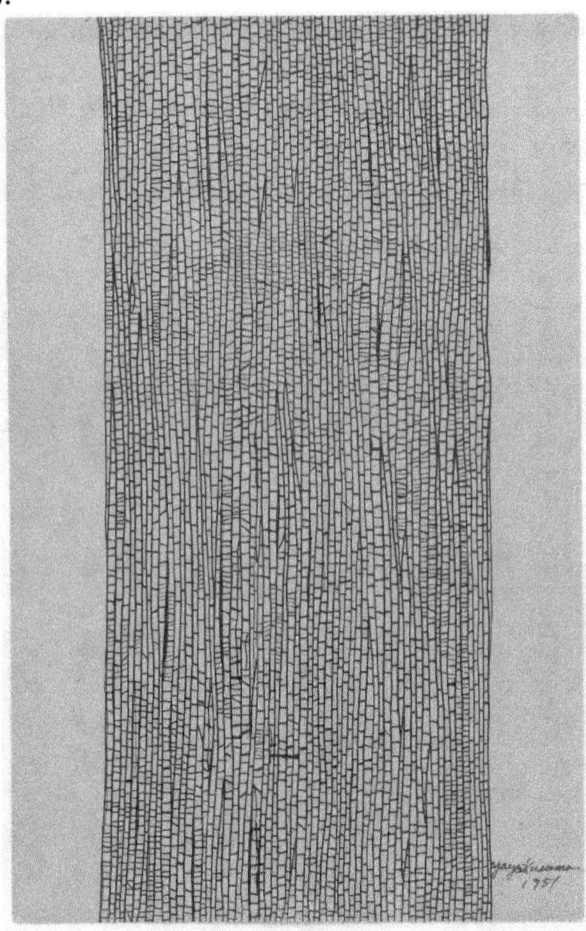

Imagem 3 - Yayoi Kusama - *Infinity Nets* - 1951

É justamente a imposição repetitiva dos enclaves psicóticos em busca de tradução que Yayoi nomeia como obsessão. Tal nomeação parece ter sido adotada por ela a partir do diagnóstico de transtorno obsessivo compulsivo, que lhe foi conferido pelo psiquiatra e psicanalista Yasuhiko Taketomo. A artista japonesa se interessou profundamente por sua patologia e passou a assumir que utilizava seus complexos e medos em sua criação artística. Após esse contato, Kusama passou a explicar sua arte como decorrente de uma psicose infantil, marcada por experiências de alucinações que ela atribuía aos abusos e violências sofridos em sua infância (Kusama como citado em Larrat-Smith & Morris, 2013). Yayoi acolhe, então, a tradução que lhe é oferecida pelo médico e se apega a ela como forma de dar sentido aos seus sintomas e à sua existência. São justamente os sentidos que ela constrói através de sua arte e de sua teorização, que possibilitam o escape da morte.

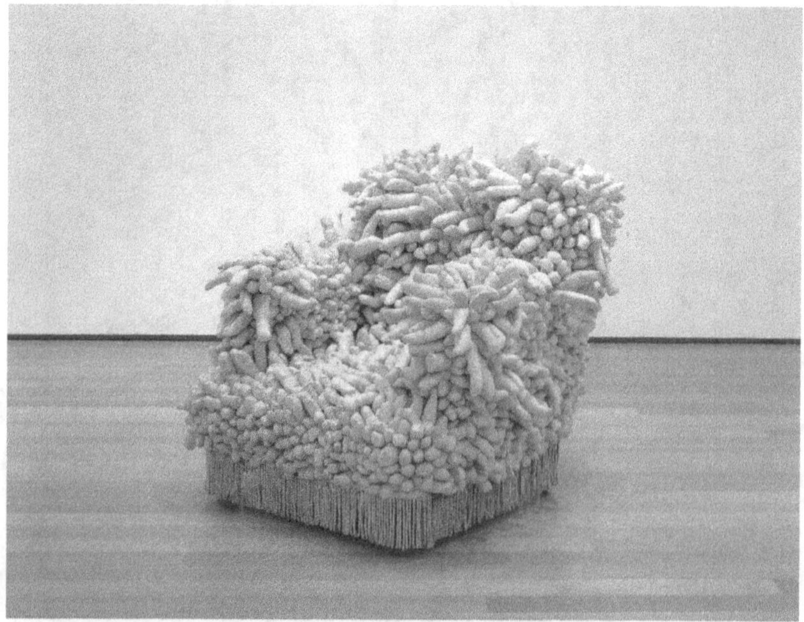

Imagem 4 - Yayoi Kusama - Acumulação Nº1 - 1962

Yayoi relata em diversas entrevistas e escritos que não consegue escapar da ideia de morte, pois não há um dia sequer que não pense em tirar sua própria vida. Disse que tentou suicídio por diversas vezes, e o que a salvou foi a arte. Para ela, a arte tem a função de tratamento para sua obsessão (Kusama como citado em Raone, 2020). É através da arte que Yayoi consegue conferir algum sentido aos enclaves psicóticos de forma a incorporá-los em sua existência. Ela nomeia esse processo como *auto-obliteração*:

> Artistas não costumam expressar seus próprios complexos psicológicos diretamente, mas eu adoto meus complexos e medos como temas. Fico aterrorizada só ao pensar que algo longo e feio como um falo me penetre, e é por este motivo que construo tantos falos... Eu construo muitos e muitos deles e então continuo construindo, até que me enterro no processo. A isto dou o nome de obliteração. (Kusama como citado em Larrat-Smith & Morris, 2013, p.73).

A auto-obliteração, conceito central na obra de Yayoi, surge, segundo ela, a partir dessa expansão infinita dos padrões presentes em suas alucinações. Trata-se de uma repetição infinita de elementos que ela expressa em sua arte e que cobre as superfícies, incluindo seu próprio corpo. Ela define a *auto-obliteração* como sendo a extinção de sua existência e sua posterior fusão no fluxo temporal infinito, que a conduziria de volta ao universo infinito (Raone, 2020). Através do processo repetitivo, Yayoi busca tornar o corpo estranho em algo familiar, ou seja, torná-lo parte de sua existência, de forma a que ele não se apresente de forma aterrorizante.

REFERÊNCIAS BIBLIOGRÁFICAS

Applin, J. (s/d). *Yayoi Kusama: Infinity Mirror Room — Phalli's Field*. London: Afterall.

Campos, E. B. V. (2012). Os fundamentos da constituição subjetiva segundo Laplanche. In *Impulso*, 22(55), pp. 21-34.

https://www.metodista.br/revistas/revistas-unimep/
index.php/impulso/article/download/569/1075

Laplanche, J. (1988). Da teoria da sedução restrita à teoria da sedução generalizada. In *Teoria da sedução generalizada e outros ensaios*. Porto Alegre: Artes Médicas, pp. 108-125.

Larrat-Smith, P., & Morris, F. (2013). *Yayoi Kusama: obsessão infinita*. São Paulo: Centro Cultural Banco do Brasil – CCBB.

Martinez, V. C. V. (2012). "Suzana e os velhos": sedução, trauma e sofrimento psíquico. *Psicologia em Estudo*, 17(3), pp. 475-485. https://www.scielo.br/j/pe/a/NHB5s37dXT9fzrDqvd3Sths/?lang=pt

Pound, C. (2018, 24 de novembro). Como Yayoi Kusama superou trauma e transtorno mental para se tornar a artista mais vendida no mundo. *BBC News Brasil*. https://www.bbc.com/portuguese/vert-cul-46127953

Raone, M. F. (2020). La función de la producción artística en la psicoses: el caso de Yayoi Kusama. In *Revista Latinoamericana de Psicopatologia Fundamental*, 23(2), pp. 418-442. https://www.scielo.br/j/rlpf/a/vvZR7RCQHDdw89xKBmTwwLN/?lang=es

Tarelho, L. C. (2012). A teoria da sedução generalizada de Jean Laplanche e o descentramento do ser humano. In *Jornal de Psicanálise*, 45(83), pp. 97-108. http://pepsic.bvsalud.org/pdf/jp/v45n83/v45n83a09.pdf

ERA UMA VEZ UMA CASA DA ÁRVORE: SUBLIMAÇÃO E CULTURA

Larissa Ferreira Dias Leite

Em um horizonte, nem tão belo nem tão distante, havia uma pequena praça com uma casa na árvore. Esta história tem seu enredo recheado de cultura, arte, mistérios, construções e desconstruções, além do renascimento. Não é lenda, nem mito, mas terra do vivido.

No bairro Nova Granada, região oeste da capital mineira, a habitação era conhecida pelos moradores como Casa da Árvore. Era feita de madeira, lonas e outros materiais reaproveitados da construção civil. Compunha-se por dois andares, quatro cômodos, uma biblioteca comunitária e um jardim em frente, cuidado pelos próprios moradores de rua que ali permaneciam (G1, 2017). Segundo Braga (2018), com o tempo e o cuidado investidos, o local tomou outras formas e se transformou em um ponto de referência cultural, educacional e turístico.

A biblioteca contava com a doação e empréstimo de alguns livros. Segundo Ferreira (2018), a Casa da Árvore representava um ponto de cultura por disponibilizar mais de mil exemplares de livros doados ou achados no lixo. Contudo, como toda boa história, há o momento de tensão. Em setembro de 2017

(Pimentel, 2019; Ferreira, 2018), a casa foi incendiada, os livros foram queimados e a polícia não teve respostas sobre o acontecimento ou possível autoria. No espaço vago entre cinzas, ressurgiu um novo lugar: A Casa do Saber (Braga, 2018).

As mídias que divulgaram o acontecido apresentaram também Klinger, o idealizador do projeto, que, após a reconstrução e a implantação de prateleiras pela prefeitura, passou a ser o guardião da casa do saber (Braga, 2018). Dado o percurso da história, não parece surpreendente que o lugar tenha sido batizado com o desenho de uma fênix, aquela que renasce das cinzas.

Na ocasião do restabelecimento da biblioteca ao ar livre, Klinger afirmou, segundo Braga (2018), que ainda permanecia em situação de rua. Na matéria vinculada na mídia[20], o curador do espaço afirmou que o problema não era sair da rua, mas a rua sair dele (Braga, 2018). Sobre a experiência de leitura, Klinger pontuou ter lido pouco durante a vida, mas disse ser fã da *Coleção Vagalume*[21] e outros autores. Apontou, ainda, que seu livro favorito é *A Cabana*, de William P. Young, que leu quando esteve preso (Pimentel, 2019).

À nova construção e apropriação do espaço deu-se o nome de Casa do Saber, e o símbolo do projeto é uma fênix (idealizada pelo próprio Klinger) simbolizando a transformação do espaço (Pimentel, 2019). Após o incêndio e a reestruturação do local, a árvore já não existe, mas ainda assim continua produzindo mais e mais frutos. Em 2019, Pimentel (2019) informou que havia mais de 20 mil obras literárias disponíveis na Casa, contemplando literatura nacional, estrangeira e infanto-juvenil.

Para Ferreira (2018), o curador afirmou que a ideia do projeto é a circulação do conhecimento, e não sua estagnação. Sendo assim, o livro que já foi lido pode dar lugar para outro que ainda não é conhecido, e ele, enquanto organizador, intitula-se como catalisador de todo o processo.

A história não tem desfecho, já que a leitura e o acesso a ela permanecem abertos e disponíveis. A Casa do Saber continua funcionando, e para chegar lá basta seguir pelo caminho de asfalto, no ali não tão distante na Avenida Barão Homem de Melo, quase número zero.

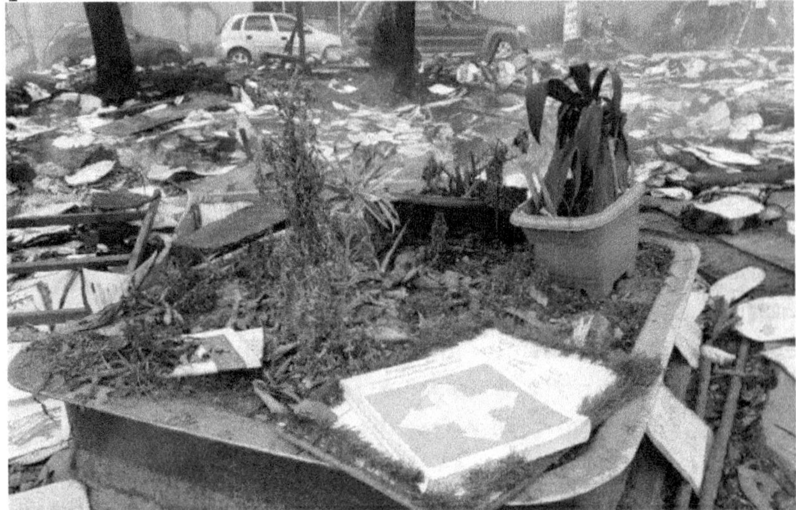

Casa ficava no bairro Nova Granada, na Região Oeste. — Foto: Pedro Ângelo/G1

Figura 1: incêncio na Casa da Árvore

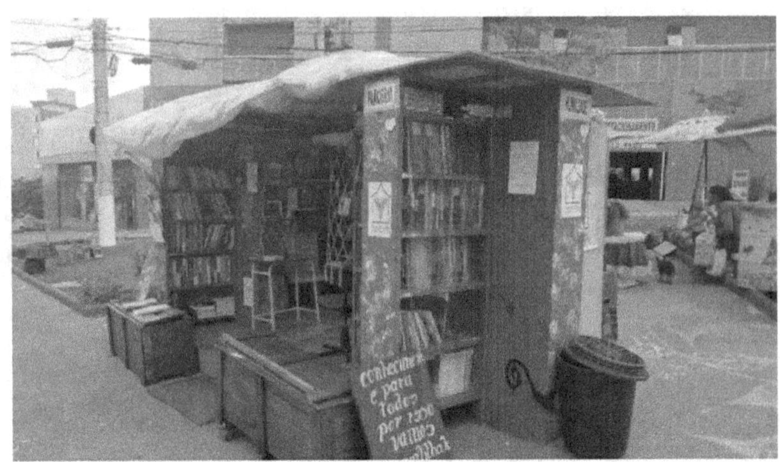

Casa do Saber foi construída após incêndio que destruiu local construído por moradores de rua — Foto: Thais Pimentel/G1

Figura 2: Casa do Saber

SUBLIMAÇÃO E/OU INSPIRAÇÃO

Laplanche (2016) apresenta uma discussão entre os conceitos de sublimação e inspiração, propondo uma outra perspectiva sobre o ar sublime que Freud parece ter atribuído à sublimação. Para Laplanche, Freud deixou o conceito de sublimação pouco elaborado, visto que atribuiu a ele um caráter de dessexualização.

Ao longo de sua obra, Freud apresenta o mecanismo da sublimação, do ponto de vista econômico e dinâmico, como um caminho para a realização de atividades sem um objetivo sexual. Tais atividades seriam, especialmente, aquelas que a sociedade admite grande valor, ou seja, atividades intelectuais e artísticas. Contudo, ao que parece, a teoria de Laplanche (2016) versa em um outro sentido, apresentando que a sublimação seria um adestramento do processo civilizatório. Tal organização não estaria distante de uma ligação sexual, ao contrário, elas estariam intimamente ligadas, atenta, ainda, para a importância de compreendê-la como uma ação do Eu – trabalho de recalcamento e não do inconsciente.

Seguindo tal percurso, para Laplanche (2016), a sublimação e a simbolização se tornam sinônimos. Já a inspiração estaria relacionada à abertura, um abrir-se ao enigma do outro. Entende-se por mensagem enigmática aquilo que é transmitido pelo adulto que ele próprio desconhece. O adulto não sabe tudo o que endereça à criança, que ainda não possui recursos para traduzir o que lhe acontece – visto que ainda não possui um inconsciente –, assim, como não sabe tudo, o endereça a qualquer outro.

O autor chama atenção para o duplo sentido da abertura, o de ser aberto *por* e o estar aberto *para*. Nesse sentido, fala-se da abertura que se dá pelo encontro, renovando o traumatismo dos enigmas originários, e a que acontece para o público, endereçada a um outro. (Laplanche, 2016). E, para exemplificar o que chama de inspiração, acrescenta uma analogia com o processo na clínica:

> Na situação que a presença do analista cria para o analisante, se reencontrariam as duas alteridades que caracterizam o que chamei de inspiração. Por um lado, o que quer para mim esse analista, emissor enigmático,

portador de um desejo que ele próprio ignora; por outro o que quer de mim essa espécie de "público", de destinatário cuja espera está para sempre suspensa, feita para não ser preenchida. (Laplanche, 2016, p. 11).

Ou seja, a inspiração tem a ver com a abertura, abrir-se ao enigma do outro. "Tenho algo em mim que não sei o que é e não sei a que tenho que responder": isso vai aparecer na criação artística e nos processos de simbolização.

Compreende-se que o enigma é a mensagem que vem do outro, reafirma-se que uma parte dessas mensagens é passível de tradução e/ou simbolização, outras não. O resto não traduzido permanecerá convocando o sujeito à tradução. O que sobra será chamado de "o outro interno", o irrepresentável.

DISCUSSÃO TEÓRICA

O fenômeno das pessoas em situação de rua é uma situação antiga, mas o seu aumento nos últimos tempos é algo visível. A história da Casa da Árvore (que se tornou a Casa do Saber) é apenas um exemplo e contempla a perspectiva de um sujeito, de sua trajetória, idealização e realização de um projeto. Apesar da superficialidade da narração, o conteúdo é rico, cheio de possibilidades e possíveis questões. Afinal, não é este o percurso da construção de um possível saber?

Após o incêndio, no espaço vazio, surgiu uma outra narrativa. Relembrando o aspecto tratado por Laplanche no processo de aparecer e desaparecer, o jogo do *fort-da* de Freud, nesse sentido, a possibilidade de construir algo novo e de criar. A sublimação, para Laplanche, não seria um requisito para poucas pessoas, mas um recurso disponível para todos, alterando apenas a forma em que se realiza.

Um ponto curioso na leitura da história de Klinger foi perceber que seu livro preferido tem um nome parecido com o tipo de moradia em que as pessoas em situação de rua costumam habitar: as cabanas. Adaptações realizadas com os recursos disponíveis para oferecer algum tipo de proteção, de privacidade, tal como uma casa na árvore.

Salienta-se que a amarração da história com a teoria não se fez com linha, mas com cinzas. Ao afirmar que o difícil é a rua sair de si, o sujeito mostra, a partir das suas ações, que é possível construir uma outra forma de morada. Não estaria aqui presente o processo simbolizante? A sublimação nem tão sublime? De fato, mesmo que atualmente Klinger esteja em uma moradia convencional, a rua não saiu, permanece ali naquela praça, rodeada por livros, flores e outros objetos artísticos. O investimento permanece sendo a rua, mas uma rua sublimada, não apenas como morada. Houve uma mudança de realidade – atuação provocadora de mudança –, o que remete ao movimento do *fort-da* de Freud (1918/2010), ao jogo dialético de aparecer e desaparecer, ao processo de ligação que pressupõe um investimento sexual.

Nesse ínterim, identifica-se também a correlação com a teorização laplancheana, já que a simbolização não tem nada de não sexual. Ao contrário, defende o papel do sexual como promotor de saídas. A sublimação assume a função de tentar ligar e dar sentido à representação, ação que, para Laplanche (2016), é puramente sexual. A arte seria aquilo que se constrói frente ao acaso. Sobre a ligação, o autor afirma:

> O outro modo de ligação, em contrapartida, efetua-se graças a conexões simbólicas. Propus a ideia de que a ligação da mensagem enigmática do outro se efetua segundo o modelo de uma tradução, graças aos códigos – mais ou menos elementares ou elaborados – fornecidos à criança por seu meio. Essa tradução não se deve somente a mensagens primeiras e recalcamentos originários. Durante toda a infância (e igualmente durante todo o tratamento analítico), produzem-se movimentos de destradução e de retradução, regidos pelo processo do a posteriori. (Laplanche, 2016, p. 5).

Assim sendo, conforme nos lembra Belo (2020), se consideramos que os seres humanos são constituídos a partir dos códigos que lhe são fornecidos, pode-se desconstruílos e reconstruí-los a partir de novos códigos tradutivos. O psicanalista acrescenta ainda que mesmo as narrativas fortemente codificadas são possíveis serem destraduzidas (Belo, 2020). Tais nuances são percebidas na história aqui contada.

A retradução se mostrou possível para a Casa da Árvore, para a Casa do Saber que ressurgiu das cinzas. Sendo assim, parece que a construção de um local de circulação de saberes se aproxima da ideia da desconstrução e retradução de uma narrativa que marca e define o que é um sujeito em situação de rua. Enfim, mesmo que a Casa seja do Saber, há algo que não será respondido, que estará inacabado e permanecerá habitando o campo do surpreendente, da terra da inspiração que queima, mas não seca. Tal como narrado por Klinger, idealizador do projeto: o saber como algo circular, de trocas, não estanque, transformador. Seria a fênix, reavivada, lançando-se de asas abertas rumo ao futuro desconhecido.

REFERÊNCIAS

Belo, F. (2020) Enigma e revelação na obra de Kara Walker. In Laplanche, J. et al. *Três destinos da mensagem enigmática*. São Paulo: Zagodoni.

Braga, C. (2018, 30 de julho). Antiga Casa da Árvore vira biblioteca a céu aberto. Culturadoria. https:// culturadoria.com.br/casa-da-arvore/

Ferreira, P. (2018, 28 de julho). Antiga Casa da Árvore dá lugar a grande biblioteca. *O Tempo*. https://www.otempo.com.br/ cidades/antiga-casa-da-arvore-da-lugar-a-grande-biblioteca-1.2006413

Freud, S. (1918/2010). *História de uma neurose infantil : ("O homem dos lobos") : além do princípio do prazer e outros textos (1917-1920)*. São Paulo: Companhia das Letras.

G1-MG. (2017, 25 de setembro). Casa na árvore construída por moradores de rua é incendiada em BH. *G1*, Belo Horizonte. https://g1.globo.com/minas-gerais/noticia/casa-na-arvore-construida-por-moradores-de-rua-e-incendiada-em-bh.ghtml

Laplanche, J. (2016). Sublimação e/ou inspiração. *Percurso*, *57*(56), 2016. http://www.bivipsi.org/wp-content/uploads/percurso-2016-56-57-5.pdf

Pimentel, T. (2019, 24 de janeiro). 'Casa do Saber', espaço que surgiu após incêndio em 2017, recebe mais de 7 mil leitores em BH. *G1 Minas*. https://g1.globo.com/mg/minas-gerais/noticia/2019/01/24/casa-do-saber-espaco-que-surgiu-apos-incendio-em-2017-recebe-mais-de-7-mil-leitores-em-bh.ghtml

ENIGMA E POESIA NA OBRA DE JEAN LAPLANCHE: ELEMENTOS PARA UMA PRÁTICA CLÍNICA

Larric Johnny Malacarne e Pedro Teixeira

Ao longo da história da psicanálise, inúmeros movimentos de resistência às proposições freudianas atacavam justamente as noções de sexualidade propostas por Freud em seus *Três ensaios sobre a teoria da sexualidade*. Laplanche, como um leitor rigoroso da obra do criador da psicanálise, vai tecer duras críticas nos pontos em que Freud parece recuar de um movimento copernicano que sustenta um inconsciente marcado pela alteridade, portanto, pelo sexual (Laplanche, 1992; 1994; 1997).

Ao resgatar os dois dualismos pulsionais que aparecem ao longo da teoria de Freud – a saber, pulsão de autoconservação *versus* pulsão sexual, e pulsão de vida *versus* pulsão de morte –, Laplanche (2016) vai compreender que um dualismo não substitui o outro, de forma alguma. Para o autor, "o primeiro estabelece, com a autoconservação, um verdadeiro exterior tanto em relação à sexualidade quanto em relação à situação analítica", enquanto "o segundo coloca em cena um par muito mais indissociável, pulsões de vida/pulsões de morte, como duas faces da mesma moeda, um par que avança junto na vida, no tratamento e na teoria." (Laplanche, 2016, p. 4).

É dessa forma que Laplanche introduz uma noção de sexualidade que admite em seu interior as dualidades freudianas. Neste sentido (e aqui vai ficando nítido o ineditismo da contribuição de Laplanche), o sexual está por definição ligado ao que é disruptivo e caótico, de modo que a aparente oposição entre os dualismos pulsionais das teorias de Freud cede lugar a uma concepção na qual o sexual, que é por definição disruptivo e indomável, pode se apresentar de forma mais ligada e domesticada (pulsão de vida) ou de forma desligada e anárquica (pulsão de morte) (Laplanche, 1992; 1994; 1997; 2016). Para o autor, "na teoria, Eros e pulsão de morte se apresentam, antes de tudo, como dois grandes princípios – ligação e desligamento –, portanto como correlatos" e, segundo compreende, "isso se confirma pelo fato de Freud ter recusado atribuir uma energia própria à pulsão de morte, o que sugere que se trata de uma única e mesma libido, ligada ou desligada conforme o caso" (Laplanche, 2016, p. 4).

O caráter caótico e disruptivo da sexualidade humana remonta a outros conceitos importantes da *teoria da sedução generalizada* proposta por Laplanche (1988; 1992). Ocorre que, em sua teoria, o inconsciente não é inato, mas constituído a partir da transmissão de mensagens enigmáticas nas primeiras relações de cuidado entre o adulto e a criança. Naquilo que determina *situação antropológica fundamental*, Laplanche nos fala de uma relação fundamentalmente assimétrica na qual o adulto, ao prestar cuidados para o bebê, acaba transmitindo algo de seu próprio inconsciente, da ordem do excesso, que deixará restos impossíveis para o bebê traduzir com os recursos que dispõe. Destaca-se o completo desamparo que marca a criança nessa situação, uma profunda passividade que convoca e exige cuidados do adulto – caso contrário o bebê não conseguiria sobreviver. Este processo, cujo excesso traz consigo um potencial traumático, despertará na criança um movimento de tradução das mensagens enigmáticas que o adulto lhe endereça, fundando, com isso, seu próprio psiquismo (Laplanche, 1988; 1992; 1994; 1997; 2003).

Dessarte, é salientado em seu trabalho que é por meio das tentativas de tradução das mensagens da sexualidade recalcada do adulto (do enigmático) que a criança pode iniciar uma ordenação para sua existência e sua relação com os outros. Assim, a partir da constituição de um Eu e do recalcamento primário, resultam processos mais organizados, e é por meio desse trabalho que, com o suporte do grupo familiar e da cultura, a criança poderá sair do puramente traumático. As traduções continuarão sendo feitas, desfeitas e refeitas ao longo da vida, produzindo novos arranjos para a sexualidade caótica implantada na criança pelo adulto (Laplanche, 1993; 1996; 2003).

Os códigos tradutivos serão fornecidos pelo meio cultural ao qual o sujeito está inserido. Para Laplanche (2003), uma função "capital para o pequeno ser humano" é exercida pela cultura[22], que "é de lhe fornecer precocemente uma "ajuda à tradução", não o deixando no desamparo face à tarefa de conter, de simbolizar, de "tratar" as mensagens adultas que não cessam de atacá-lo, colaborando na tarefa de "se historicizar graças a elas e contra elas"." (p. 416). Laplanche (2016), em seu texto *Sublimação e/ou inspiração*, discute como a noção de sublimação é fecunda para pensar esse processo.

Este trabalho pretende abordar, de maneira teórico-exploratória, o conceito de *enigma* na obra de Jean Laplanche para pensar uma arte literária (mais especificamente em sua dimensão poética) e suas aproximações e/ou distanciamentos com a palavra do psicanalista em sua prática clínica. O interesse se volta para as peculiaridades da palavra frente ao enigma e ao disruptivo, tanto como expressão artística como ferramenta de cura.

UMA SITUAÇÃO DA QUAL NÃO SE ESCAPA

O conceito de enigma na obra de Jean Laplanche está inerentemente ligado a uma noção fundamental sob a qual toda a *teoria da sedução generalizada* se desenvolve. Foi a percepção que Laplanche fez da universalidade desta situação que lhe permitiu, ao operar uma generalização da teoria da sedução abandonada por Freud em 1897, ultrapassar problemas epistemológicos com os quais Freud se deparou e não tinha ainda os elementos necessários para resolvê-los (Laplanche, 1988; 1992). Trata-se da noção de situação antropológica fundamental, ou, simplesmente, situação originária.

O termo *fundamental* ou *originária* remonta a uma situação à qual nenhum ser humano pode escapar. Laplanche (2003) faz notar que, em última instância, é uma contingência, ainda que ancorada na biologia e na história humana e não um fato universal, que uma criança seja criada pelos pais. Segundo o autor, é possível tornar humano um bebê sem pais (ou seja, cujos cuidados não seriam ofertados pelas figuras que a cultura ocidental esperaria), mas não é possível fazer um ser humano sem o confronto entre a criança, no sentido etimológico do termo sendo aquele que ainda não fala, com o mundo adulto. Nesse sentido, a situação antropológica fundamental é a confrontação da criança com o mundo adulto, a relação adulto-criancinha, adulto-*infans* (Laplanche, 1988; 1992; 2003).

É preciso atentar-se para o fato de que a situação originária é uma relação marcada fundamentalmente por uma assimetria. Isso ocorre porque o confronto adulto-criança envolve uma relação essencial de atividade-passividade, que está ligada ao fato inelutável de que o psiquismo dos pais é mais "rico" que o da criança (Laplanche, 1988; 1992). O adulto, na relação com o bebê, entra com seu inconsciente, "um inconsciente tal qual a psicanálise o descobriu, um inconsciente sexual, essencialmente feito de resíduos infantis, um inconsciente perverso, no sentido dos Três Ensaios" (Laplanche, 2003, p. 404).

Já o bebê se confronta com uma sexualidade para a qual não tem a reação adequada, uma vez que encontra-se em estado de profundo desamparo e desadaptação, sendo confrontado com "tarefas de nível demasiado alto relativamente ao grau de maturação psicofisiológica" (Laplanche, 1992, p. 103) que dispõe.

É interessante notar que, para Laplanche, a triangulação é de outra ordem. Não se trata de uma triangulação formada por bebê-mãe-pai, assim como em Édipo, mas sim bebê-adulto-inconsciente do adulto. O adulto é apresentado como um ser capaz de lapsos e operações falhas que testemunham "que existe 'inconsciência', que existem mensagens que o sujeito recusa ou não pode reconhecer como tais." (Laplanche, 1992, p. 110). Considerando que ainda está presente no adulto o inconsciente infantil, como descrito nos *Três Ensaios* de Freud (1905/1996), "o adulto diante da criança será particularmente desviante, levado à operação falha, até o sintoma, nessa relação com esse outro ele mesmo, esse outro que ele mesmo foi. A criança diante dele faz apelo ao infantil nele." (Laplanche, 1992, p. 111).

A partir de sua própria clivagem, na relação com este ser (o bebê) em total desamparo, os cuidados prestados pelo adulto serão colonizados por seu próprio inconsciente – que, por definição, é disruptivo e sexual –, e transmitirão um algo a mais que é da ordem do excesso. Dessa forma, "o conflito se situa no nível da mensagem, isto é, a mensagem é ela mesma dupla. Se quisermos, podemos dizer que os três seriam: a mensagem, seu enigma e a criança" (Laplanche, 1994, p. 90).

O inconsciente sexual do adulto é reativado na relação com a criança pequena, com o infans. As mensagens do adulto são mensagens pré-conscientes-conscientes, elas são necessariamente "comprometidas" (no sentido do retorno do recalcado) pela presença da "interferência" inconsciente. Estas mensagens são, então, enigmáticas, ao mesmo tempo para o emissor adulto e para o receptor infans. (Laplanche, 2003, pp. 406-407).

Dessa forma, evidencia-se que, na *teoria da sedução*

generalizada ,Laplanche aborda situações e comunicações que em nada dependem do "ataque sexual" propriamente dito – como se imaginava na teoria da sedução restrita que Freud veio a abandonar, recorrendo à universalidade da situação antropológica fundamental para fazer notar aí uma assimetria originária (Laplanche, 1988; 1992). Segundo o autor:

> Pelo termo sedução originária qualificamos, portanto, esta situação fundamental na qual o adulto propõe à criança significantes não-verbais tanto quanto verbais, e até comportamentais, impregnados de significações sexuais inconscientes. Do que chamo significantes enigmáticos, não é necessário procurar longe para encontrar exemplos concretos. O próprio seio, órgão aparentemente natural da lactação: podemos negligenciar ainda seu investimento sexual e inconsciente maior pela mulher? Podemos supor que este investimento "perverso" não é percebido, suspeitado, pelo bebê, como fonte deste obscuro questionamento: que quer ele de mim? (LAPLANCHE, 1988, p. 118).

A colonização do inconsciente do adulto em seus atos de cuidado será fonte de obscuro questionamento para o bebê, que suspeita deste algo a mais que lhe é transmitido: o que ele quer de mim além de me aleitar e, no fim das contas, por que ele quer me aleitar? (Laplanche, 1988; 1992). O encontro com o outro é sempre traumático em suas origens. Como veremos, o trauma, na teoria laplancheana, se articula ao enigmático.

O ENIGMA E SUAS MENSAGENS

O mundo adulto, com o qual a criança é confrontada, não é um mundo objetivo onde ela teria que descobrir e aprender, assim como aprende a andar ou a manipular objetos. É um mundo de mensagens no sentido mais amplo do termo (linguísticas ou simplesmente linguageiras, pré ou paralinguísticas). São mensagens que interrogam a criança antes que ela as compreenda e às quais deve dar um sentido e resposta (Laplanche, 1988; 1992).

O diálogo adulto-infans, por mais recíproco que seja, é imediatamente parasitado por outra coisa. A mensagem é perturbada. Existe, da parte do adulto, num sentido unilateral, intervenção do inconsciente. Digamos mesmo do inconsciente infantil do adulto, na medida em que a situação adulto-infans é uma situação que reativa suas pulsões inconscientes infantis. (Laplanche, 2003, p. 405).

Portanto, a noção de mensagem enigmática está indissociavelmente ligada à noção de mensagem "comprometida" (no sentido psicanalítico do termo) pela relação do adulto com seu próprio inconsciente. São mensagens simultaneamente enigmáticas e sexuais na medida em que não são transparentes em si mesmas, mas comprometidas por fantasias sexuais inconscientes mobilizadas no adulto por sua relação com a criança (Laplanche, 1997; 2003).

Assim, a situação antropológica fundamental só tem seu impacto porque transmite uma mensagem por parte dos pais, uma espécie de dar a ver ou dar a ouvir. O importante é que o adulto transmite sinais em tais mensagens, a partir do seu próprio inconsciente. (Laplanche, 1992; 1997). As carícias eróticas de uma mãe ou o estupro factual de uma criança por seu pai só são sedutores porque veiculam o enigma do desejo inconsciente do adulto (Laplanche, 1988).

Há primordialmente o outro que se dirige a mim, o outro que "quer" alguma coisa de mim, nem que seja por não dissimular o coito. O que este pai quer de mim me mostrando, deixando-me ver a cena primária, mesmo que apenas me levando ao campo (como o pai do homem dos lobos) para testemunhar o coito dos animais? (Laplanche, 1992, p. 146).

A confrontação do bebê com os significantes e as mensagens provenientes do adulto – ligados à satisfação das necessidades infantis, mas que veiculam a interrogação puramente potencial de outras mensagens sexuais – produzirá um difícil trabalho de domínio e de simbolização deste "significante enigmático" que deixará atrás de si restos, "*fueros*" inconscientes (Laplanche, 1992). Segundo Laplanche (1992), "há algo que só poderia ser dominado através de um trabalho de compreensão e que é traumatizante e recalcado justamente porque permanece como que em estado selvagem" (p. 135).

Portanto, o processo de sedução originária, enquanto transmite as mensagens enigmáticas provenientes do adulto, origina um processo de recalcamento ou metabolização originária a partir do qual não há outra possibilidade além da formação de um resto. Esse resto é algo puramente não simbolizado, isto é, significante dessignificado, para usar outro termo laplancheano (Laplanche, 1992).

Nesse sentido, para Laplanche (1992), o enigma é sedução por si mesmo, e será a partir das tentativas de tradução empreendidas pela criança que se torna possível alguma organização de seu psiquismo: "não é à toa que a Esfinge está postada às portas de Tebas, antes mesmo do drama de Édipo". (Laplanche, 1992, p. 135). A partir da imbricação dessas noções fundamentais, Laplanche nos explica como a implantação das mensagens enigmáticas dará origem ao inconsciente da criança:

> Mas, sendo a mensagem comprometida e incoerente, situada em dois planos incompatíveis, sua tradução é sempre imperfeita, deixando de lado restos. São estes restos que constituem, por oposição ao eu pré-consciente, o inconsciente no sentido próprio, no sentido freudiano do termo. É evidente que o inconsciente é marcado pelo sexual, já que tem sua origem no comprometimento da mensagem adulta pelo sexual. Mas não é de maneira alguma a cópia do inconsciente adulto, por causa do duplo "metabolismo" que o sexual sofreu neste percurso: deformação na mensagem comprometida no adulto e depois, na criança receptora, trabalho da tradução que remaneja completamente a mensagem implantada. (Laplanche, 2003, p. 407).

É importante destacar, contudo, que a tradução da mensagem enigmática do adulto não se faz em uma só vez, mas em dois tempos. Para Laplanche (2003), o esquema em dois tempos é o mesmo do traumatismo: no primeiro tempo, a mensagem é simplesmente inscrita ou implantada sem qualquer compreensão, como se fosse mantida sob uma camada fina da consciência (ou "sob a pele"). No segundo tempo ocorre uma reanimação da mensagem a partir do interior. Ela age como um corpo estranho interno que é preciso a todo preço integrar, controlar, domesticar. É o aspecto caótico e disruptivo do sexual. Existiria, então, em todo ser humano uma espécie de estoque de mensagens não-traduzidas, sendo algumas praticamente impossíveis de traduzir e outras na espera provisória de tradução. Tradução essa que só pode ser provocada por uma reatualização, por uma reativação. É o que Laplanche vai chamar de inconsciente encravado, que remete a um lugar de estagnação, mas também um lugar de espera, uma espécie de "purgatório" das mensagens que esperam por tradução (Laplanche, 2003).

Aqui nota-se que o aspecto tradutivo é essencial para o pensamento do autor. Entretanto, os *códigos tradutivos* que a criança dispõe são insuficientes para fazer face às mensagens enigmáticas. O *eu* da criança engaja-se em um trabalho tradutivo, ao mesmo tempo em que opera recalcamentos. Nesse processo, contudo, há sempre um resto de tradução que virá a constituir os objetos-fonte da pulsão e o inconsciente. Pode-se imaginar o funcionamento de tais operações recorrendo-se ao exemplo da tradução de um texto de uma língua para outra, no qual há sempre algo que se perde durante o processo, algo que resta como intraduzível (Laplanche, 1994; 2003).

A criança deverá então recorrer a um novo código, ao mesmo tempo improvisado por ela e procuradonos esquemas fornecidos pelo meio cultural, para prosseguir com o trabalho de tradução que persiste ao longo da vida. Portanto, é possível dizer que a linguagem dos adultos comporta estruturas complexas que serão propostas como linguagem de tradução possível, ou seja, o adulto também propõe códigos tradutivos que configuram alternativas para colocar em ordem algo que está prestes a escapar no psiquismo infantil. É dessa forma que, para Laplanche (1994; 2003), as noções de Édipo e castração constituem elas próprias códigos tradutivos fornecidos pela cultura para dar contornos ao excesso traumático implicado na situação antropológica fundamental, que é anterior e originária. Assim, caberá à própria pessoa, isto é, ao ego, fazer uso dos códigos tradutivos disponíveis na cultura para realizar o trabalho de traduzir:

> ... o processo de tradução *não* vem do outro. É a impulsão a traduzir que é trazida pelo outro, é o enigma que suscita a tradução pelo lado intrusivo que tem. Mas é a pessoa, o ego que faz a tradução. Insisto sobre o aspecto metabolizador, que é uma deformação, uma transformação. É por causa desta transformação que ocorre o recalque. Sem isto não teríamos recalcamento, teríamos uma passagem do sexual de um a outro. A *mensagem* vem do outro. O mundo cultural fornece a língua de tradução. (Laplanche, 1994, p. 86, destaques do autor).

O enigma e suas mensagens se comportarão como essa espécie de estrangeiro interno que coloniza o sujeito com sua estrangeiridade – o inconsciente implantado. Ao ego restará o trabalho de tradução disto que o ataca. Destaca-se, contudo, conforme o pensamento do autor, que é o mundo cultural que fornecerá a língua e os códigos tradutivos possíveis, operando um importante papel de "ajuda à tradução" (Laplanche, 1994, 1997, 2016).

POESIA DA SUBLIMAÇÃO

O que se pode frente ao enigma e os ataques de suas mensagens? Tal como nos diz Laplanche (1997), a cultura e a arte figuram como um caminho possível, como possibilidades ou ajudantes de tradução. Em seu texto *Sublimação e/ou inspiração*, Laplanche (2016) vai tecer duras críticas sobre as noções de *sublime* e *socialmente valorizado*, que usualmente são utilizadas para circunscrever o conceito de sublimação. Neste sentido, o autor propõe que se retire a sublimação de uma espécie de pedestal que foi construído, assim questionando o que se considera socialmente valorizado e a quem esse valor endossa. O autor desmascara, com isso, um caráter *quasi*-elitista no axioma do pensamento que historicamente está associado ao conceito, perguntando-se os motivos pelos quais sempre se pensa num artista erudito e não em um artesão como exemplos de sublimação.

O autor assim o faz a partir de uma noção de sexualidade fundamentada na *teoria da sedução generalizada* e nos conceitos que foram sendo apresentados até aqui. Laplanche pensa uma sexualidade que admite em seu interior as dualidades freudianas. Ao resgatar os dois dualismos pulsionais que aparecem ao longo da teoria de Freud – a saber, pulsão de autoconservação *versus* pulsão sexual e pulsão de vida *versus* pulsão de morte –, Laplanche (2016) vai compreender que um dualismo não substitui o outro, de forma alguma. Para o autor, "o primeiro estabelece, com a autoconservação, um verdadeiro exterior tanto em relação à sexualidade quanto em relação à situação analítica", enquanto "o segundo coloca em cena um par muito mais indissociável, pulsões de vida/pulsões de morte, como duas faces da mesma moeda, um par que avança junto na vida, no tratamento e na teoria" (Laplanche, 2016, p. 4). Nesse sentido, o sexual está por definição ligado ao que é caótico e disruptivo, de modo que a aparente oposição entre os dualismos pulsionais das teorias de Freud cede lugar a uma concepção na qual o sexual, que é por definição disruptivo e indomável, pode se apresentar de forma mais ligada e domesticada (pulsão de vida) ou de forma desligada e anárquica (pulsão de morte) (Laplanche, 1992; 1994; 1997; 2016).

É a partir dessa noção muito própria de sexualidade que o autor vai descrever a sublimação mais adequadamente como uma "transferência ou transposição da energia sexual de morte em energia sexual de vida, como a domesticação ou ligação de uma pulsão em suas origens anárquica e destrutiva" (Laplanche, 2016, p. 6). A sublimação, assim, é indissociavelmente associada à própria noção de simbolização ou de ligação: "Não vejo como se poderia distinguir da sublimação esta progressão de Eros em cada existência individual, principalmente por meio da simbolização. Ela é a própria sublimação, como integração das metas sexuais anárquicas numa perspectiva 'socialmente valorizada'." (Laplanche, 2016, p. 11).

Neste trabalho, interessa destacar a inquietante noção de que a sublimação pode ocorrer a partir de dois pólos, que, apesar de distintos, coexistem e não se excluem: o do sintoma e o da inspiração (Laplanche, 1997; 2016). Conforme discutido anteriormente, a mensagem enigmática se inscreve na criança e exercerá o papel deste estrangeiro interno que coloniza o sujeito com sua estrangeiridade (o inconsciente implantado), e é a partir do que se faz com essa mensagem que Laplanche propõe dois pólos sublimatórios, assim, dois movimentos possíveis frente ao disruptivo do sexual: "um movimento objetalizante (em direção ao objeto parcial) e seu inverso desobjetalizante (em direção ao índice inconsciente, ou ao puro significante dessignificado)." (Laplanche, 2016, p. 9).

O pólo do sintoma resultaria em uma sublimação que implica uma maior ligação da sexualidade disruptiva, uma maior tradução, e, por isso mesmo, um maior fechamento para o enigmático e os objetos fonte da pulsão. Tomando o caso da arte literária em específico: uma poesia nascida no sintoma estaria comprometida com a domesticação do caótico e disruptivo pela via da demonstração e da representação, colocando-se muito próxima do processo secundário de funcionamento do psiquismo (Laplanche, 1992; 2016). Os versos do poema *Que nome dar à angústia?*[23] permitem uma ilustração:

Que nome dar à angústia?

Angústia...
Angústia é aquela sensação dolorosa,
Que insiste em apertar o peito
Devagar e constante...
Sufocante.

Angústia de vida.
Angústia de morte.
Angústia da vida

Talvez o próprio viver implique angústia.
Talvez o próprio ser contenha angústia.
Talvez o morrer envolva angústia.
Talvez a angústia traga,
Ufa,
Angústia.

Angústia de pensar em Angústia.
Angústia de sentir Angústia.
Angústia de ler um poema de Angústia.
Em meio a tanta angústia,
Angustiado,
Penso que a pior das angústias
É a angústia calada.
Angústia sem palavras.

Angústia sem nome envenena:
Por isso,
Talvez,
Um poema.
(Malacarne, 2022, pp. 196-197).

No poema em questão, verso após verso ressoa a aposta na representação como forma de domar os ataques do enigma interno. A palavra tem estatuto de coisa. O autor parece suspeitar que algo impronunciável o faz sofrer, como algo venenoso, mas é pela ligação disso à palavra "angústia" que parece encontrar alguma organização ou tradução possível no próprio ato de nomeação. Faz-se importante recordar, entretanto, a advertência de Laplanche (1992) contra uma leitura mais apressada que pudesse concluir que os processos de ligação dos ataques pulsionais tem sempre efeitos positivos:

... em última análise, portanto, o conflito psíquico é

conflito entre pulsões de vida e pulsão de morte. Mais concretamente, na nossa experiência psicanalítica cotidiana, é um conflito entre os processos de ligação e os processos de desligamento. Todavia, isto não nos leva a tomar necessariamente partido a favor da ligação, nem a afirmar que a ligação estaria sempre, forçosamente, ao lado da vida biológica, nem mesmo do lado da vida psíquica, pois o extremo da ligação é também o extremo da imobilização. Deste ponto de vista, a denúncia, por Lacan, do ego como instância de fascinação e de imobilização continua válida, mesmo se é exagerada. Existe, com certeza, uma morte do psiquismo por desintegração, morte pela pulsão de morte, mas também existe morte do psiquismo por rigidificação e síntese excessiva, morte do psiquismo pelo ego. (Laplanche, 1992, p. 157)

Considerar os perigos envolvidos em uma síntese excessiva, que resultaria em grande rigidificação e imobilização, coloca questões sobre a existência de maneiras mais sofisticadas de ligação, e, portanto, menos enrijecidas e mais abertas a sentidos múltiplos e interpretações distintas. Isto leva a indagar sobre alternativas no uso das palavras para ligar e traduzir os ataques do estrangeiro interno sem que, com isso, se opere também um silenciamento subjetivo. Mais alguns versos se apresentam:

Tum tum[24]

Meu coração
E as letras
Batucam
No mesmo ritmo.

É cada "tum"
Que quase me derruba.
(Malacarne, 2022, p. 171).

No poema *Tum tum* pode-se presumir o ataque de algo disruptivo, cuja representação é feita pela onomatopeia. Há sublimação, e, por isso, ligação, mas chama a atenção a escolha do autor de se expressar por uma via mais sonora, menos fechada a um sentido circunscrito. Algo ataca o autor, e, apesar do batuque das letras, este não consegue nomeá-lo, esforçando-se para manter alguma organização possível em si. O leitor, por sua vez, é colocado às voltas com a violência disso que ameaça derrubar aquele que escreveu o poema e a indagar se também vivencia algo da mesma ordem.

Trata-se de um uso único da palavra. O sentido não é amordaçado, apesar do recurso à representação. Rosenbaum (2012) pontua que é justamente a palavra que faz interface entre a literatura e a psicanálise: "essa palavra movente, cambiante e criadora está nos textos dos escritores, está na fala dos pacientes, em seus relatos de sonhos, em seus atos falhos, seus lapsos de linguagem." (p. 226). Para a autora,

> Tanto na clínica como na arte, no caso a literatura, o inconsciente aflora e busca figurações que o expressem, espaço para existir para além ou aquém das amarras que nos prendem a sistemas de significação e de regulação. Mas, é essa dinâmica de revelar e ocultar as faces do desejo que aproxima a palavra poética da palavra numa análise. Ambas dizem o que na vida ordinária e comum não podemos ouvir. Elas se encontram na condição de signo desautomatizante, desalienante, inusitado, que rompe o *status quo* da língua e desafia o que teima em se acomodar. (Rosenbaum, 2012, p. 226).

De fato, desde os *Estudos sobre a histeria* com a expressão *talking cure* criada por Anna O., a psicanálise pode ser definida como cura pela fala, e admite em seu método a palavra como via de acesso ao inconsciente por meio da associação livre (Freud, 1895/1996). Nesse sentido, alguns autores em específico fazem trabalhar a interface entre clínica, palavra e literatura.

Os trabalhos de Gomes (2021) e Lora F. (2021), por exemplo, aproximam psicanálise e poesia , enquanto discutem a potência da palavra tanto na clínica psicanalítica quanto na poesia. Canguçu (2021) e Tavares (2021) levam às últimas consequências essa interface, pensando a própria natureza do trabalho na clínica psicanalítica como uma prática narrativa. A primeira autora resgata o recurso metodológico psicanalítico da escrita do caso clínico como forma de transmissão de saber para aproximar a posição do analista com a do escritor, propondo o caso clínico como um gênero literário (Canguçu, 2021); enquanto Tavares (2021), em sua tese de doutorado, elabora a compreensão de um sujeito composto por uma escritura da articulação entre o ficcional e o inconsciente para descortinar a qualidade literária do trabalho em psicanálise.

É importante atentar, contudo, para os limites da palavra e da simbolização frente ao sofrimento psíquico intenso. Segundo Carvalho (2010), "o que é eficiente do ponto de vista estético nem sempre é bem sucedido do ponto de vista psíquico" (p. 523). Tomando o exemplo específico de escritores que vieram a se suicidar, apesar de intensa atividade criativa mesmo no momento de suas mortes, Carvalho (2010) propõe o conceito de *toxidez da escrita* para fazer notar a existência de "elementos destrutivos na sublimação, elementos que agem como se estivessem infiltrados pelo 'conhecimento endopsíquico' que esses autores provavelmente tinham do caráter insuficiente da linguagem para conter a força pulsional que alimenta a própria escrita" (p. 521).

Segundo Carvalho (2006), "enquanto uns apostam que a potência da escrita reside em sua capacidade de resistência, de contenção, recuperação e transformação, outros denunciam justamente sua insuficiência diante do inominável" (p. 20). Em relação a especificidade da escrita dos autores suicidas, a autora nos diz que:

Seus textos parecem se construir sobre a dupla faceta da escrita: de um lado, uma escrita com fim, com finalidade, escrita de contenção (esta mais defensiva e distanciada), e, de outro lado, uma escrita sem fim, sem finalidade, escrita de excesso (que não oferece nenhuma proteção), mostrando a maior e também a menor das distâncias das ligações efetuadas sob o regime da sublimação. O que se perfila na interação da escrita com a vida, na obra de um autor suicida é, enfim, o limite da escrita como sublimação, mais precisamente aquilo que acena para o ponto de indizibilidade no coração da linguagem. (Carvalho, 2010, p. 519).

Ao nos depararmos com os limites da sublimação e da escrita sintomática, comprometida com o esforço de ligar, traduzir, conter e representar os ataques disruptivos do estrangeiro interno, convém resgatar a noção de inspiração introduzida por Laplanche (2016) como alternativa sublimatória. Segundo o autor, a inspiração diz respeito a um movimento mais desobjetalizante enquanto a sublimação, nesta direção, se produz de forma mais desligada e menos traduzida, sustentando, com isso, uma abertura ao enigma de um modo que não ocorre no pólo sintomático que veio sendo discutido até aqui (Laplanche, 2016).

Para circunscrever o que está propondo, Laplanche (2016) vai buscar nas construções freudianas sobre a sublimação no texto *Leonardo da Vinci e uma lembrança da sua infância* elementos que permitam fazer derivar esse segundo pólo sublimatório. Em Freud (1910/1996), a investigação sexual infantil pode conhecer três destinos precedidos e ligados a um momento de recalcamento enérgico, dito original: 1) a inibição intelectual, com uma vitória do recalcamento – o que ocorre com frequência apoiado pela religião; 2) uma obsessivação do pensamento, sendo que investigar torna-se uma atividade sexual, via formação reativa, podendo ser uma atividade com frequência exclusiva – porém o caráter sem conclusão possível da pesquisa infantil se repete no fato de que essa ruminação não termina nunca; e 3) a libido se subtrai ao destino do recalcamento, sublimando-se desde o início em desejo de saber e se colocando como um reforço ao lado da vigorosa pulsão de pesquisa.

É a partir desse terceiro destino possível para a investigação sexual infantil que Laplanche vai localizar as bases necessárias para uma sublimação que sustente a abertura ao enigma. Na situação antropológica fundamental, a mensagem enigmática se inscreve na criança e é a partir do que se faz com essa mensagem que Laplanche propõe pensar em um polo sublimatório alternativo pela via da inspiração. A despeito dos avatares do recalcamento, a inspiração mantém o aguilhão do enigma, e o que está em jogo é um tipo de relação com a arte na qual a abertura para o enigma e para o trauma (vindo do outro) é evidente. Essa relação de abertura do artista para com o próprio enigma insinua e produz uma reabertura do enigma em seu público (Laplanche, 2016).

No caso da poesia discutiu-se diferentes formas pelas quais a palavra pode vir a fazer frente ao enigma no campo da sublimação, assim como seus limites frente ao indizível. A via da inspiração aparece, então, como uma alternativa que sustenta alguma relação muito particular com o enigma. Resta perguntar quais as peculiaridades da palavra enquanto ferramenta de cura diante daquilo que é disruptivo e enigmático, refletindo sobre as aproximações e/ou distanciamentos da palavra poética com a palavra do psicanalista em sua prática clínica.

PALAVRA EM PLENO, PALAVRA EM OCO

Ao voltar a atenção para eventuais aproximações e/ou distanciamentos da palavra poética com a palavra do psicanalista em sua prática clínica, de algumas ideias de Laplanche permitem derivar reflexões interessantes. Segundo o autor, a dimensão da palavra está presente na transferência e é reveladora do inconsciente, entretanto a palavra na transferência precisa operar em um estatuto de portadora de novos sentidos (Laplanche, 1993). Além disso, para melhor compreender de que palavra se está falando, convém destacar na literalidade do texto laplancheano aspectos a partir dos quais se poderá avançar um pouco mais: "numa análise, o que é *oferecido* é um lugar de palavra, de palavra livre, mas não propriamente falando, um lugar de troca. Existe uma essencial dissimetria da relação" (Laplanche, 1993, p. 80).

Em seu texto *Da transferência: sua provocação pelo*

analista, Laplanche (1993) vai chamar atenção ao fato de que o fundamental daquilo que ocorre numa psicanálise já estava presente antes mesmo de sua criação. E será no campo da cultura (e por que não da produção artística) que Laplanche irá identificar um elemento comum à situação analítica e que, entretanto, é a pedra fundamental que sustenta a possibilidade do uso da palavra como uma ferramenta de cura – trata-se de um tipo de relação com o enigma.

Assim, no campo da cultura e da produção artística – e, no caso da última, interessa as produções cuja palavra é a matéria prima –, Laplanche vai identificar que ocorre uma dupla abertura ao enigmático: o enigma implantado pelo outro na situação originária cuja sublimação resultará na produção artística, e também o enigma lançado pelo público receptor da arte, cuja própria espera constitui mensagem enigmática (Laplanche, 2016).

O autor destaca o lugar do cultural como lugar de uma interpelação enigmática, com cem bocas e mil ouvidos: "o que se nota aí, e que caracteriza o cultural, é um endereçamento a um outro fora de alcance, a outros, "esparsos no futuro", diz o poeta" (Laplanche, 1993, p. 78).

Como denominar aquele que acolhe, recolhe a obra cultural? ... "Receptor" é o termo que teria a minha preferência. Faz parte da essência do produto cultural o fato de chegar a quem o recebe sem *pedigree*, e de por ele ser recebido sem lhe ter sido explicitamente endereçado. A relação do receptor com o enigma é então diferente, parcialmente invertida, em comparação com a do autor. Mas também aqui esta relação é essencial, renovando o aspecto traumático e incitador do enigma infantil. (Laplanche, 1993, p. 78).

Deste modo, tanto na situação poética quanto na situação analítica está colocada a questão do destinatário anônimo, um destinatário que é por essência enigmático. É justamente aí que pode-se localizar, com Laplanche, uma espécie de parentesco entre a transferência na análise e a transferência fora dela: ela reside no enigma do outro (Laplanche, 1993). Marzagão et al. (2012) recordam que Freud sempre deu atenção especial aos poetas, sobre os quais teria dito que chegam voando aonde os cientistas chegam claudicando, e "o motivo dessa crença talvez se encontre na própria natureza da inspiração: inspirar-se acaba sendo nada mais nada menos que sofrer o sopro da alteridade para, em seguida, bafejá-lo numa criação." (Marzagão et al., 2012, p. 24).

Nesse sentido, diferentemente do que foi colocado por Rosembaum (2012), pode-se pensar que aquilo que verdadeiramente faz uma interface entre psicanálise e poesia é um tipo de relação com o enigma, sendo a palavra já uma saída frente aos infortúnios colocados pelo enigmático. É devido a isso que Laplanche (1992) vai nos dizer que a situação analítica é a reinstauração de um lugar de sedução originária, ou seja, da sedução do enigma ao recolocar em jogo o originário em sua própria essência.

O autor propõe três funções do analista e do que ele instaura: "o analista como garantidor da constância; o analista como piloto do método e acompanhador do processo primário; o analista como guardião do enigma e provocador da transferência" (Laplanche, 1993, p. 79). No último sentido, ele faz trabalhar a noção lacaniana de *suposto-saber* para falar da recusa que o analista precisa fazer para operar o método:

> O essencial é que o analista, se deve estar em posição de suposto saber, deve certamente recusar o saber, mas também, e sobretuto, recusá-lo a si mesmo. Essa recusa do saber, e essa recusa de saber é a segunda recusação do analista, depois da da adaptação. Este é o motor, e até mesmo a fonte de energia e, talvez, a fonte de uma energia *nova*, a que propulsiona o tratamento. É a corrida atrás do saber que sujeita e propulsiona o analisando assim como propulsionou a criança. (Laplanche, 1993, pp. 167-168).

Para Laplanche (1996), o método da psicanálise é mais adequadamente um método de destradução, um método desconstrutivo. A palavra do analista, neste sentido, precisa ser uma palavra vazia, uma palavra cuja função é fazer falar o analisante, aproximando-a bastante do pólo da inspiração discutido anteriormente, dos movimentos desligantes. É o que Laplanche (2016) vai chamar de palavra marcada por um "despossuimento", pela constatação de que algo da fala do outro fica para sempre inacabado e lança uma vez mais a abertura ao enigma. Caberá ao analisante, portanto, produzir novas respostas ao questionamento enigmático que se atualiza. É o que Laplanche (1992; 1993; 1996; 2016) vai chamar de "transferência em oco":

> Oferecemos ao analisando um "oco", nossa própria benevolente neutralidade interior, a neutralidade benevolente em relação ao nosso próprio enigma. O analisando pode colocar algo de cheio ou algo de oco. Algo de cheio é despejar lá sua sacola; algo de oco é colocar lá um outro oco, o enigma de sua própria situação originária. (Laplanche, 1993, p. 80).

Atento ao fato de que, em sua aspiração inextinguível à síntese e a novas traduções para as mensagens enigmáticas, o único hermeneuta é o analisante, o analista encontrará um lugar para sua palavra (Laplanche, 1996). Se, no caso da poesia, a palavra pode encontrar formas de fazer frente ao enigma tanto por vias mais ligantes (sublimação) quanto desligantes (inspiração), ao analista cabe sempre sustentar a opção por uma palavra em oco, isto é, ser guardião do enigma, catalizando possíveis inspirações produzidas no processo analítico.

CONSIDERAÇÕES FINAIS

As contribuições de Jean Laplanche, a partir de sua *teoria da sedução generalizada*, trazem consigo noções fecundas que permitem avançar em frentes diversas. Ao introduzir uma concepção de sexualidade que admite em seu interior as diferentes dualidades freudianas, definindo o sexual pelo que é disruptivo e caótico, o autor produz com isso uma nova teoria copernicana do sujeito, um sujeito que é parasitado, atacado e colonizado por um outro interno – o inconsciente implantado na situação antropológica fundamental.

A partir daí, repercussões interessantes na teoria e na clínica, para recorrer à expressão do autor, colocam a psicanálise sob novos fundamentos. No presente trabalho, os conceitos de enigma e situação antropológica fundamental, ao lado da noção de sublimação, mostraram-se extremamente potentes para pensar uma arte literária, mais especificamente em sua dimensão poética, e suas aproximações e/ou distanciamentos com a palavra do psicanalista em sua prática clínica.

A proposta de uma teoria tradutiva permite uma verdadeira dança entre psicanálise e poesia, clínica e literatura, transferência e cultura, enigma e sintoma. Tomou-se a palavra como fio condutor, mas no meio do caminho veio a se descobrir que a ponta desse fio estava fundamentalmente atada à noção de enigma, que surge como verdadeira interface entre psicanálise e poesia a partir das contribuições laplancheanas.

No caso da poesia, frente aos ataques do enigma, a palavra pode deslizar por vias mais ligantes (sublimação) quanto desligantes (inspiração). O analista, porém, terá consigo a responsabilidade de optar sempre por uma palavra em oco em detrimento de uma palavra em pleno, se porventura desejar fazer falar o inconsciente do sujeito e que a análise possa caminhar. A outra opção, num hipótético analista que se deixa extraviar pelos caminhos de uma palavra cheia, resultaria em um aprisionamento do sujeito no pólo sintomático com todo o sofrimento psíquico que este enseja.

REFERÊNCIAS BIBLIOGRÁFICAS

Canguçu, D. (2021). Escrever a clínica / construir o caso: o que se inscreve numa análise? *Ágora: Estudos em Teoria Psicanalítica*, Rio de Janeiro, v. 24, n. 1, pp. 19-27, 2021.

Carvalho, A. C. (2006). Limites da sublimação na criação literária. *Estudos de Psicanálise*, Rio de Janeiro, n. 29, pp. 15-24, set. 2006.

Carvalho, A. C. (2010). A toxidez da escrita como um destino da sublimação em David Foster Wallace. *Psicologia USP [online]*, São Paulo, v. 21, n. 3, pp. 513-530, jul-set. 2010.

Freud, S. (1996). *Estudos sobre a Histeria (1893-1895)*. (Jayme Salomão Trad.). Rio de Janeiro: Imago. (Trabalho original publicado em 1895).

Freud, S. (1996). Três Ensaios sobre a teoria da sexualidade. In *Um caso de histeria, Três Ensaios sobre Sexualidade e outros trabalhos* (1901-1905). (Jayme Salomão Trad.). Rio de Janeiro: Imago, 1996, pp. 119-230. (Trabalho original publicado em 1905).

Freud, S. (1996). Leonardo da Vinci e uma lembrança de sua infância. In *Cinco Lições de Psicanálise, Leonardo da Vinci e outros trabalhos* (1910). (Jayme Salomão Trad.). Rio de Janeiro: Imago, 1996, pp. 67-142. (Trabalho original publicado em 1910).

Gomes, V. R. R. (2021). A odisseia de Ulisses e a vida como aventura: aproximações entre poesia e psicanálise. *Ide*, São Paulo, v. 72, n. 43, pp. 49-58, jul-dez. 2021.

Laplanche, J. (1988). Da teoria da sedução restrita à teoria da sedução generalizada. In *Teoria da Sedução Generalizada e outros ensaios*. Porto Alegre: Artes Médicas, 1988, pp. 108-125.

Laplanche, J. (1992). *Novos fundamentos para a psicanálise*. São Paulo: Martins Fontes.

Laplanche, J. (1993). Da transferência: sua provocação pelo analista. *Percurso*, v. 10, n. 1, p. 73-83.

Laplanche, J. (1994). O sexual, suas mensagens e traduções. *Percurso*. São Paulo, v. 13, n. 02, pp. 83-93, 2º sem. de 1994.

Laplanche, J. (1996). La Interpretación Psicoanalítica. El Psicoanálisis Como Anti-Hermeneutica. *Zona Erógena*. n. 30, pp. 01-13.

Laplanche, J. (1997). A teoria da sedução e o problema do outro. In *International Journal of Psycho-Analysis. Livro Anual de Psicanálise XIII*. São Paulo: Escuta, pp. 139-151.

Laplanche, J. (2003). Três acepções da palavra "inconsciente" no quadro da Teoria da Sedução Generalizada. *Revista de Psicanálise da Sociedade Psicanalítica de Porto Alegre*. Porto Alegre, v. X, nº 3, pp. 403-418, dez. 2003.

Laplanche, J. (2016). Sublimação e/ou inspiração. *Percurso*, v. 56, n. 57, p. 01-20, jun-dez. 2016.

Lora F., M. E. (2021). Un diálogo entre psicoanálisis y poesía: bordeando el agujero de la muerte. *Ajayu*, La Paz, v. 19, n. 2, pp. 417-428.

Malacarne, L. (2022). *Trabalho com palavras*. Curitiba: Editora Viseu.

Marzagão, L. R.; Ribeiro, P. C & Belo, F. R. R. (2012). *Psicanálise e literatura: seis contos da era de Freud*. KBR Digital Editora.

Rosenbaum, Y. (2012). Literatura e psicanálise: reflexões. *Revista FronteiraZ*, São Paulo, n. 9, p. 225-234, dez. 2012.

Tavares, J. M. W. (2021). *A literariedade em psicanálise: ficção e verdade na trama analítica*. Tese de doutorado, Programa de Pós-graduação em Psicologia Clínica e Cultura, Universidade de Brasília, Brasília.

PSICANÁLISE E O ENIGMA NAS CANÇÕES DE ELZA SOARES: UMA ANÁLISE A PARTIR DA TEORIA DA SEDUÇÃO GENERALIZADA

Elizielly Martins

No texto *Música e Psicanálise*, Belo (2011) afirma que as artes mais distantes da linguagem verbal ou representativa parecem ter vantagem no que diz respeito à preservação do enigma. O objetivo principal aqui é investigar se a música, em forma de canção – sendo uma forma de arte geralmente próxima da linguagem –, tem realmente uma "desvantagem" em relação aos tipos menos verbais de arte. A mensagem enigmática é um dos conceitos fundamentais da teoria da sedução generalizada de Laplanche. Dessa maneira, esta investigação será pautada nessa teoria laplancheana e exemplificada com base em algumas canções do repertório popular brasileiro, em especial as interpretadas pela cantora Elza Soares: *Maria da Vila Matilde, Pra Fuder* e *Mulher do Fim do Mundo.*

Com base na teoria da sedução generalizada, a relação entre o adulto e a criança é marcada por uma situação de passividade e de assimetria. Lima et al. (2017), ressaltam que é a partir dessa relação de assimetria que se funda o traumático no relacionamento entre adulto e bebê. Na relação assimétrica, inconscientemente, o adulto endereça mensagens enigmáticas à criança, que, posteriormente, deverá traduzi-las. Esse processo é o que ele caracteriza como situação antropológica fundamental (Laplanche, 2015, p. 285).

Na situação antropológica fundamental, o sexual do adulto se mescla, inconscientemente, à mensagem que ele transmite para a criança através dos cuidados cotidianos. A criança não tem outra opção a não ser receber essas mensagens como enigmas. (Lima et al., 2017, p. 2)

De acordo com Martinez (2012), Laplanche defende que um pequeno ser totalmente dependente de cuidados de terceiros e sem inconsciente excita o adulto com sua presença, ou seja, há estímulo em toda relação adulto *versus* criança. Inconscientemente, o adulto responde a essa excitação com os elementos recalcados de sua sexualidade que, misturados a certas ações de apego, se dirigem à criança na forma de mensagens sedutoras. Isso impõe à criança um excesso, algo enigmático, como a sexualidade, que ela precisará processar e traduzir apesar de desconhecer (Martinez, 2012, p. 476).

Para Laplanche, o processo de tradução de tais mensagens enigmáticas será fundamental para a construção do psiquismo da criança. Toda mensagem é de natureza traumática e violenta em sua essência, e a tradução de cada uma poderá ser considerada bem-sucedida, precária ou impossível. Neste contexto, é fundamental para o desenvolvimento psíquico angariar recursos que auxiliem na tradução das mensagens enigmáticas. Todavia, preservar certa parcela do enigma, logo, dos restos enigmáticos, também é necessário. Apesar do movimento de tradução e do movimento de preservação dessas mensagens serem opostos, eles ocorrem de forma simultânea, assim como a pulsão de vida e a pulsão de morte, como ligamento e desligamento.

É bastante plausível que as produções culturais e artísticas podem ser recursos que possibilitam traduções mais organizadoras e bem-sucedidas (Martinez, 2012, p. 476). Um desses recursos seria a música, e, entre esses recursos musicais, se encontram as canções. A partir disso, podemos pensar que talvez alguns dos recursos artísticos sejam mais ou menos eficazes quando se trata da tradução ou manutenção do enigma. Acreditamos que a canção[25], como um recurso musical, tenha tanto potencial na preservação do enigma quanto qualquer outro tipo de arte. Talvez o que fará a diferença é a relação do indivíduo com o objeto artístico ao qual é exposto.

No que segue, consideramos três canções interpretadas pela Elza Soares: *Maria da Vila Matilde*, *Pra Fuder* e *Mulher do Fim do Mundo*. Em cada caso, usaremos dados biográficos para mostrar como a canção, novamente enquanto recurso musical, auxiliou na tradução e preservação dos excessos causados pelas mensagens enigmáticas direcionadas à artista. Em vida, Elza foi submetida a situações de assimetria por ser mulher, negra e economicamente vulnerável. Nesse contexto, supomos que a obra de arte musical também seja um recurso potente para seus ouvintes.

AS MENSAGENS ENIGMÁTICAS PARA LAPLANCHE

Como dissemos anteriormente, o conceito de mensagem enigmática é um dos fundamentos da teoria da sedução generalizada. Essas mensagens são destinadas à criança sempre que esta está em uma relação de assimetria marcada não somente pelo maior domínio do adulto, mas também pela ausência do fator inconsciente na criança. Também são sempre traumáticas, pois perpassam o conteúdo inconsciente do adulto. Além disso, são de natureza estranha para o próprio adulto que as transmite, o que revela um outro sexual que gera uma relação triangular entre o adulto, seu inconsciente e a criança (Martinez, 2012, p. 477).

Laplanche distingue duas formas de ocorrência da comunicação dessas mensagens às crianças: implantação e intromissão. Na implantação, apesar do estado de passividade e da falta de recursos psíquicos, o excesso da mensagem desperta a criança para um trabalho de interpretação e tradução parcial do enigma. Os restos – aquilo que a criança não dá conta de traduzir naquele momento – se tornam objetos-fonte da pulsão e darão um dinamismo diferencial ao psiquismo (Laplanche, 1992, p. 138), o que leva o indivíduo a um contínuo processo de tradução e retradução, de elaboração do trauma e de organização psíquica. Ou seja, por um lado se instala o enigma e, por outro, ocorre um trabalho parcial de tradução. Na intromissão, devido ao fato de não ter a companhia de recursos psíquicos de elaboração, instala-se um "corpo estranho", que não se traduz e que penetra de forma oral e anal. Isso impossibilita qualquer potencial organizador, pois não há formulação do enigma para se traduzir. Aqui, a mensagem é exclusivamente sexual e violenta (Martinez, 2012, p. 477).

Segundo Paula e Neto (2013), a teoria da sedução generalizada é pautada na tradução. Um dos conceitos importantes para o processo tradutivo é o *après coup*[26]. Num enlace entre modelos de traduções e temporalidade, o *après coup* não é um simples movimento temporal. Trata-se de um enigma implantado pelo outro desde a sedução originária como uma mensagem a ser futuramente codificada através de um recurso simbólico. O *après coup* é também a possibilidade de uma reedição, uma retradução do que foi recalcado na tentativa de organizá-lo posteriormente (Paula & Neto, 2013, p. 156).

Martinez, no que diz respeito às mensagens de sedução, acredita que o processo de irromper o inconsciente e tornar-se um sujeito provido de tal só é possível com base em uma comunicação violenta e traumática, ou seja, a partir da ruptura de algo. Tudo isso a despeito dos mecanismos psíquicos organizadores, que são desencadeados pelo trabalho de tradução. É importante observarmos que, quanto mais elaborados e menos recalcadores forem os elementos tradutivos, mais assistência eles poderão disponibilizar à criança em seu processo de tradução do enigma. Ou seja, segundo Martinez, crianças que possuem poucas fontes de tradução ou códigos tradutivos (uma vivência pouco pautada em elementos culturais, pouco acesso à arte, base familiar disfuncional, entre outros) têm menos possibilidades de uma enigmatização mais elaborada – o que torna mais provável que o destino de sua mensagem seja pela via da intromissão, e um dos caminhos possíveis seria a estrutura psicótica (Martinez, 2012, p. 478). Se realizássemos uma pesquisa empírica, talvez pudéssemos verificar que uma situação de pouco recurso de tradução do enigma abre margem para, apesar de não determinar, uma maior incidência de casos de psicose em populações socialmente e culturalmente mais vulneráveis[27].

Façamos agora uma análise desses enigmas através da vida e das obras de Elza Soares.

VIDA E OBRA DE ELZA

Elza Gomes da Conceição – ou melhor, Elza Soares – foi uma cantora, compositora e dona de uma das vozes mais marcantes da música popular brasileira. Nascida em 1930 e falecida em 2022, sua carreira – que durou mais de 70 anos – se consolidou com canções e interpretações musicais reconhecidas por premiações nacionais e internacionais. A artista tinha a tendência de levar em suas canções mensagens que perpassavam por temas sociais complexos, como racismo, violência doméstica, entre outros – temas que também atravessam sua história.

Nem só de premiações e reconhecimento artístico foi a vida de Elza. Desde a infância sofreu com as frequentes agressões de seu pai, que aconteciam sempre que fazia alguma travessura. Em sua biografia, ela relata que esses episódios de agressividade possivelmente foram um dos motivos para ela começar a receber "visões" e mensagens, que permaneceu recebendo até sua vida adulta. Segue um trecho de seu relato:

O episódio aconteceu antes que ela começasse a ter visões – "mensagens" que ela diz ter recebido durante toda sua vida, e continua recebendo até hoje... Ela já estava com cinco anos quando, também na sua casa em Bangu, diz ter sido acordada por São Jorge. Na sua visão, ele veio acompanhado de um caboclo, "bem fechado", na sua descrição, cada um em seu cavalo. Seu primeiro impulso foi querer conversar com ele, não com São Jorge, mas com o caboclo, que não estava a fim de papo. Sendo assim, ela se dirigiu ao santo com um pedido: "São Jorge, posso pedir pro senhor dizer para meu pai não me bater tanto assim? Eu prometo que vou ser uma menina boazinha, São Jorge, eu não vou ficar aprontando muito não..."

A resposta de São Jorge, como ela a teria ouvido, veio em forma de profecia. Elza se lembra de ter escutado ele dizer que ela ainda apanharia muito – e conta isso como quem já prepara uma frase de efeito: "Mal sabia eu que ele queria dizer que eu iria apanhar mais da vida do que do meu pai." (Camargo, 2018, p. 16).

Segundo os relatos, a artista nos diz que sua vida não foi "fácil". A música era um de seus vínculos com o pai, que, apesar de ser afetuoso, era excessivamente rígido. Na tentativa de limpar a honra da filha, ele a obrigou a casar, aos treze anos, com Lourdes Antônio Soares, conhecido como Alaordes. O pai entendeu que Alaordes havia tentado abusar de sua filha, mas Elza acreditava que o ataque de Alaordes a ela era somente uma briga cotidiana com um menino qualquer de sua rua. Ou seja, a mensagem daquela investida chegou à menina de outra forma. Desde o princípio do casamento sofreu violência doméstica. Perdeu dois dos seis filhos que gerou ainda na adolescência, e aos vinte e um anos ficou viúva do primeiro marido (Camargo, 2018, p. 33). Apesar de todo o sofrimento ao qual seu primeiro marido lhe submeteu, Elza carregou o sobrenome Soares por toda sua vida..

Várias mensagens enigmáticas atravessam como excessos inconscientes em Elza, e, na tentativa de retraduzir esses excessos, ela canta. Um dos exemplos que retratam esse abuso e violência que sofreu é a música *Maria da Vila Matilde*, uma composição de Douglas Germano, cantada por Elza Soares. Segue a letra:

Cadê meu celular? Eu vou ligar prum oito zero
Vou entregar teu nome e explicar meu endereço
Aqui você não entra mais
Eu digo que não te conheço
E jogo água fervendo se você se aventurar

Eu solto o cachorro
E, apontando pra você
Eu grito péguix guix guix guix
Eu quero ver você pular, você correr
Na frente dos vizinhos
'Cê vai se arrepender de levantar a mão pra mim

Cadê meu celular? Eu vou ligar prum oito zero
Vou entregar teu nome e explicar meu endereço
Aqui você não entra mais
Eu digo que não te conheço
E jogo água fervendo se você se aventurar

Eu solto o cachorro
E, apontando pra você
Eu grito péguix guix guix guix
Eu quero ver você pular, você correr
Na frente dos vizinhos
'Cê vai se arrepender de levantar a mão pra mim

E quando o samango chegar
Eu mostro o roxo no meu braço
Entrego teu baralho teu bloco de pule teu dado chumbado
Ponho água no bule

Passo e ainda ofereço um cafezin'
'Cê vai se arrepender de levantar a mão pra mim

Cadê meu celular? Eu vou ligar prum oito zero
Vou entregar teu nome e explicar meu endereço
Aqui você não entra mais
Eu digo que não te conheço
E jogo água fervendo se você se aventurar

Eu solto o cachorro
E, apontando pra você
Eu grito péguix guix guix guix
Eu quero ver você pular, você correr
Na frente dos vizinhos
'Cê vai se arrepender de levantar a mão pra mim

E quando tua mãe ligar
Eu capricho no esculacho
Digo que é mimado que é cheio de dengo mal acostumado
Tem nada no quengo
Deita, vira e dorme rapidin'
'cê vai se arrepender de levantar a mão pra mim

'Cê vai se arrepender de levantar a mão pra mim
'Cê vai se arrepender de levantar a mão pra mim
'Cê vai se arrepender de levantar a mão pra mim
'Cê vai se arrepender de levantar a mão pra mim

Mão, cheia de dedo
Dedo, cheio de unha suja
E pra cima de mim? Pra cima de muá? Jamé, mané.[28]

A música fala sobre a agressão sofrida por uma mulher pelo seu companheiro. O "Mané" citado no último refrão da música parece fazer referência a Mané Garrincha, jogador de futebol com quem se casou aos 27 anos de idade, e permaneceu casada pelos seguidos 17 anos. Segundo Elza, Garrincha foi seu primeiro amor verdadeiro. No entanto, em algum momento do relacionamento, Garrincha começou a apresentar problemas com o alcoolismo e passou a agredi-la de várias formas. (Camargo, 2018, p. 41).

Através dos relatos bibliográficos de Elza, podemos perceber que a violência parece ser uma constante em sua vida, desde a infância. Na tentativa de traduzir as mensagens violentas recebidas, ela cantou sobre isso. De fato, seria arriscado afirmarmos inflexivelmente que a cantora está utilizando suas canções como mecanismo de tradução, mas estamos seguros em afirmar que essa é uma hipótese inicialmente plausível, a qual deve ser considerada.

Outro ponto interessante é que algumas das canções cantadas por ela fornecem um indício para afirmação da teoria da sedução generalizada, onde Laplanche defende que a sublimação não é totalmente dessexualizada[29] (Laplanche, 1992, p. 2). Afinal, se a música é uma forma de sublimar a pulsão sexual inconsciente através da arte, e a sublimação é uma forma de dessexualizar esse conteúdo pulsional, então como explicar a música *Pra Fuder*? Como a canção toca seus ouvintes? Como Elza é tocada pela interpretação? Quando consideramos essa canção, parece que algo do conteúdo sexual se faz presente. Sendo assim, parece não haver uma total dessexualização do conteúdo pulsional. Segue abaixo a composição de Kiko Dinucci, que foi cantada por Elza:

Olho pro meu corpo sinto a lava escorrer
Vejo o próprio fogo não há força pra deter
Me derreto tonta, toda pele vai arder
O meu peito em chamas solta a fera pra correr

Olho pro meu corpo sinto a lava escorrer
Vejo o próprio fogo não há força pra deter
Me derreto tonta, toda pele vai arder
O meu peito em chamas solta a fera pra correr

Unhas cravadas induzem latejo
Roupas jogadas no chão

Pernas abertas te prendo num beijo
Sufoco a sofreguidão

Meu temporal me transforma em loba
Presa você vai gemer
Feito o cordeiro entregue pra morte
Vê o sussurrar a pedir
Pra fuder, pra fuder, pra fuder, pra fuder.[30]

Elza foi submetida a diversas formas de abuso e humilhação. Ela chegou a dizer que suas relações sexuais com alguns de seus cônjuges eram mantidas por obrigação e, muitas das vezes, vinham acompanhadas de violência (Camargo, 2018, p. 131). Apesar disso, a cantora brasileira do milênio (como foi eleita pela rádio BBC de Londres no ano de 1999) e superava as dificuldades da vida através de sua carreira e canções.

Apesar da arte da música ser uma grande auxiliar no processo tradutivo de Elza, a relação com esse objeto musical também é um recurso que permite a manutenção do enigma. Ela ainda parecia sentir uma contínua necessidade de tentar traduzir o enigmático que perpassava seu inconsciente. A artista dizia algo do desejo de continuar cantando e retraduzindo até o fim, esse algo que é possível de ser transmitido ao outro através de suas canções e interpretações. Prova disso é a canção *Mulher do Fim do mundo*, composta por Alice Coutinho e Rômulo Froes. A letra se desenrola através de um arranjo de cordas, ao som de um nostálgico samba trágico:

Meu choro não é nada além de carnaval
É lágrima de samba na ponta dos pés
A multidão avança como vendaval
Me joga na avenida que não sei qual é

Pirata e Super-Homem cantam o calor
Um peixe amarelo beija minha mão
As asas de um anjo soltas pelo chão
Na chuva de confetes deixo a minha dor

Na avenida, deixei lá
A pele preta e a minha voz
Na avenida, deixei lá
A minha fala, minha opinião
A minha casa, minha solidão

Joguei do alto do terceiro andar
Quebrei a cara e me livrei do resto dessa vida
Na avenida, dura até o fim

Mulher do fim do mundo
Eu sou e vou até o fim cantar

Meu choro não é nada além de carnaval
É lágrima de samba na ponta dos pés
A multidão avança como vendaval
Me joga na avenida que não sei qual é

Pirata e Super-Homem cantam o calor
Um peixe amarelo beija minha mão
As asas de um anjo soltas pelo chão
Na chuva de confetes deixo a minha dor

Na avenida, deixei lá
A pele preta e a minha voz
Na avenida, deixei lá
A minha fala, minha opinião
A minha casa, minha solidão

Joguei do alto do terceiro andar
Quebrei a cara e me livrei do resto dessa vida
Na avenida, dura até o fim

Mulher do fim do mundo
Eu sou, eu vou até o fim cantar
Mulher do fim do mundo
Eu sou, eu vou até o fim cantar

Cantar

Eu quero cantar
Até o fim, me deixem cantar até o fim
Até o fim, eu vou cantar
Eu vou cantar até o fim

Eu sou mulher do fim do mundo
Eu vou, eu vou, eu vou cantar
Me deixem cantar até o fim
Lá-lá-lá-laiá-lá-lá-laiá
Lá-lá-lá-laiá-lá-lá-laiá

Até o fim eu vou cantar
Eu quero cantar, eu quero é cantar
Eu vou cantar até o fim
Lá-lá-lá-lará-lá-lará-laiá
Eu vou cantar, eu vou cantar

Me deixem cantar até o fim
Me deixem cantar até o fim
Me deixem cantar
Me deixem cantar até o fim.[31]

Elza implorava para impor sua voz, que traz nas entrelinhas seu sofrimento, suas conquistas e a tentativa de transmutar a tristeza em alegria. Ela evoca a resistência de uma mulher negra que precisou traduzir e retraduzir continuamente as mensagens enigmáticas lançadas a ela. Chegou a reagir diante desse enigmático com uma tentativa de autoextermínio, após a trágica morte de um de seus filhos em 1986, num acidente de carro. Mesmo assim, Elza deixa claro que o enigma se manteve preservado e cantou até o fim, na tentativa incessante de decodificá-lo.

CONSIDERAÇÕES FINAIS

Parafraseando Camargo (2018): Elza Soares transformou

sua fúria em música, e sua trajetória não é só sinônimo de raiva, mas também de paixão.

Com suas obras de arte musicalizadas, Elza nos permite sustentar o indício de que as canções podem cumprir a função de auxiliar no processo tradutivo das mensagens enigmáticas. Em comparação a tipos de arte mais distantes da linguagem verbal ou representativa, as canções não deixam a desejar enquanto meio de auxiliar na preservação do enigma. Talvez o que pode interferir na vantagem ou desvantagem de manutenção do enigma, quando se trata das artes, seja subjetivo a cada indivíduo e sua relação com o objeto artístico ao qual é exposto.

Elza Soares encontrou, na musicalização de seus temas, uma forma de retraduzir o excesso causado pelas mensagens enigmáticas infringidas a ela desde a infância. Apesar de toda a tentativa de tradução e retradução no encontro com o outro, o enigma ainda permaneceu e a necessidade de elaboração e reelaboração do mesmo ainda se manteve. Isso se mostra através do desejo de Elza de se fazer ouvida, a necessidade de tocar o outro pela via do traumático e ser tocada também pelo trauma do outro. Esse resto inacabado, que irá continuar inacabado até que, enfim, tudo acabe (Laplanche, p. 10, 2016). É isso que sobra ao final de um processo analítico. É (por) isso que Elza insistiu em cantar até o fim.

REFERÊNCIAS BIBLIOGRÁFICAS

Belo, F. (2011). Música e Psicanálise. *Afreudite*, 15(16), 64-62. https://www.fabiobelo.com.br/wp-content/textos/musica.pdf

Camargo, Z. (2018). *Elza*. Rio de Janeiro: LeYa.

Canelas Neto, J. M., Tognolli, D., Gazire, P. C., Rozensvaig, A. M., & Cutrim, R. (2011). Entrevista com Luiz Tatit. *Ide*, *34*(53), 33-42.

Freud, S. (1996). Três ensaios sobre a teoria da sexualidade. In *Edição Standard brasileira das obras psicológicas completas*, vol. VII. Rio de Janeiro: Imago, p. 124-230. (Trabalho original publicado em 1905).

Laplanche, J. (1992). *Novos fundamentos para a psicanálise*. (C. Berliner. Trad.). São Paulo: Martins Fontes.

Laplanche, J. (2015). Castração e Édipo como códigos e esquemas narrativos. In *Sexual: a sexualidade ampliada no sentido freudiano 2000-2006*. Porto Alegre: Dublinense, pp. 280-287.

Lima, V., Bedê, H. M., & Belo, F. (2017). Sexualidade e violência no funk: dominação masculina, psicanálise e adolescência. *Revista Percurso* (Online), 59, 27-36. http://www.bivipsi.org/wp-content/uploads/percurso59-2.pdf

Martinez, V. C. V. (2012). "Suzana e os velhos": sedução, trauma e sofrimento psíquico. *Psicologia em Estudo*, 17, pp. 475-485.

Paula, M. P., & Neto, G. A. R. M. (2013). A identificação como efeito do processo tradutivo da sedução originária. *Aletheia*, (42), pp. 153-163.

DOR, ASSIMETRIA E ARTE: UMA ANÁLISE DA OBRA DE FRIDA KAHLO

Débora Dias Müller

> Expresse a dor, pois a dor que não fala
> Sussurra no coração para explodi-lo.
> (Shakespeare, 2011, p. 95).

A dor é companheira do homem ao longo de toda sua vida, desde o nascimento até a morte, e, no intervalo entre vida e morte, padece-se dela (OJUGAS, 1999). Apesar de ser um pensamento um tanto quanto pessimista, trata-se de um ponto de vista visceral, a partir do qual a dor corporal e/ou psíquica se coloca como uma das maiores inimigas do homem, devendo ser rapidamente extinta para que a vida possa ser gozada em sua plenitude antes que qualquer mal a abale. Partindo-se do princípio de que a dor é uma constante companheira dos seres vivos, iremos estudá-la tentando abranger os efeitos.

Figueiró (2000) denota o caráter pessoal e subjetivo da dor, marcando que é sentida por cada pessoa em sua particularidade, deste modo, não é algo de caráter compartilhado. O autor coloca que há um "papel positivo" na dor, visto que, biologicamente, ela se apresenta como um sistema protetor, como, por exemplo, à medida em que se coloca uma parte do corpo em contato com uma chama, naturalmente haverá uma sensação dolorosa que acarretará no afastamento da fonte de calor.

Em *Dor psíquica*, Isabel Fortes (2012) aponta que a criação por meio da escrita pode ser a forma que uma pessoa encontra para lidar e conviver com a experiência dolorosa:

'A dor é uma das coisas mais importantes da minha vida'. Esta frase de Marguerite Duras não me saiu da lembrança desde que a li. Tempos depois, ao ler o romance *Paula*, da escritora chilena Isabel Allende (1996), perguntava-me como ela teria conseguido escrever um livro tão belo sobre a morte de sua filha. A intensidade do acontecimento levou-a a escrever com igual intensidade. Talvez escrever sobre a dor tenha sido a forma que ela encontrou para exorcizar o horror que viveu. (Fortes, 2012, p. 25).

Podemos pensar na dor como um mecanismo de alerta de que algo não está bem no organismo, porém, sabe-se também da existência de dores sem nenhuma função aparente, e que "em lugar de ser um sintoma, ela já se constituiu, por si, numa doença e, como tal, deve ser tratada, para que não se torne prejudicial ao organismo." (Figueiró, 2000, p. 9).

Por exemplo, a dor aguda, que aponta para o sujeito alguma anormalidade no organismo, a partir dos receptores sensitivos, "transmite sinal através das fibras nervosas tipo A delta, mielínicas, com elevada velocidade de condução, e amielínicas do tipo C, condução mais lenta, até os centros medulares e daí ao cérebro", e continua:

A dor, também diferente segundo sua origem, circunstâncias e individualidades, tem como componente *sensorial* – que permite reconhecer o lugar, a duração e a intensidade do estímulo nociceptivo –, um *afetivo* – que lhe confere sua tonalidade desagradável e angustiosa –, e um *cognoscitivo*, que inclui dados de memória, reconhecimento e comparação. (Ojugas, 1999, p. 8).

Já a dor crônica acarreta diferentes consequências na vida

do sujeito, sendo que os analgésicos e o repouso não garantem o alívio – eles mais afetam as relações e interferem no cotidiano com um significativo prejuízo na qualidade de vida, além de poderem causar desespero e até mesmo suicídio. (Figueiró, 2000).

A dor é retratada pelo homem desde os primórdios, sendo alvo de investigações estéticas que buscam como entendê-la e saná-la. Na coleção *A dor através da História e da Arte,* Ojugas (1999) aponta a dor como um fenômeno sentido em todos os continentes, por todas as civilizações, desde os povos primitivos – esses que muitas vezes buscavam, em rituais, expulsar o que era entendido como "maus espíritos".

... o 'comportamento' ante a dor inclui a busca por remédios para eliminá-la, tanto de caráter natural como sobrenatural, e, como as últimas conquistas, os aspectos sócio-econômicos do indivíduo e da sociedade mediante dispensas trabalhistas, compensações econômicas e etc. Mas os povos primitivos não consideravam essas 'sutilezas'. Para eles, a dor, principalmente o padecimento não tinha procedência 'externa', que não se devia a uma queda, a uma queimadura, a uma flechada, essa for 'interna' atribuíam-na a maldições divinas e maus espíritos. Por isso os egípcios tamponavam os orifícios do nariz e ouvidos de seus mortos para evitar que espíritos do mal penetrassem em seu interior, preservando-os assim para a reencarnação. (Ojugas, 1999, p. 5).

Figueiró (2000) enfatiza que a dor é uma experiência universal, e, na história da humanidade, buscaram-se inúmeras formas de combatê-la e explicá-la, como "castigo, desequilíbrio de humores, purificação, caminho de evolução espiritual, paixão ...". (p. 31). O autor ainda acentua o quanto uma dor pode interferir no humor de uma pessoa, ocasionando perda de qualidade de vida, desespero e suicídio.

HÉRCULES

Analisemos a história de Hércules, personagem da mitologia grega que tira a própria vida para se livrar da dor. O herói se casa com uma mortal chamada Dejanira. Numa ocasião, o centauro Néssus tentou violentá-la e Hércules o matou. Porém, antes de morrer e disposto a ter sua vingança, Néssus enganou Dejanira, dizendo que seu sangue era um elixir do amor. O centauro a aconselhou a guardar um pouco do sangue em caso do marido se apaixonar por outra. Quando Hércules realmente se apaixonou por outra mulher, Dejanira jogou algumas gotas do sangue do centauro no manto do herói. O veneno deixou a pele do amante em carne viva e assim o herói morreu. Entretanto, como era imortal, ascendeu ao Monte Olimpo (morada dos deuses). Seu corpo mortal foi queimado numa pira. Até nesse momento foi heroico: a lenda conta que Hércules, mesmo morrendo, arrancou as árvores necessárias para a construção da pira na qual seu corpo foi queimado.

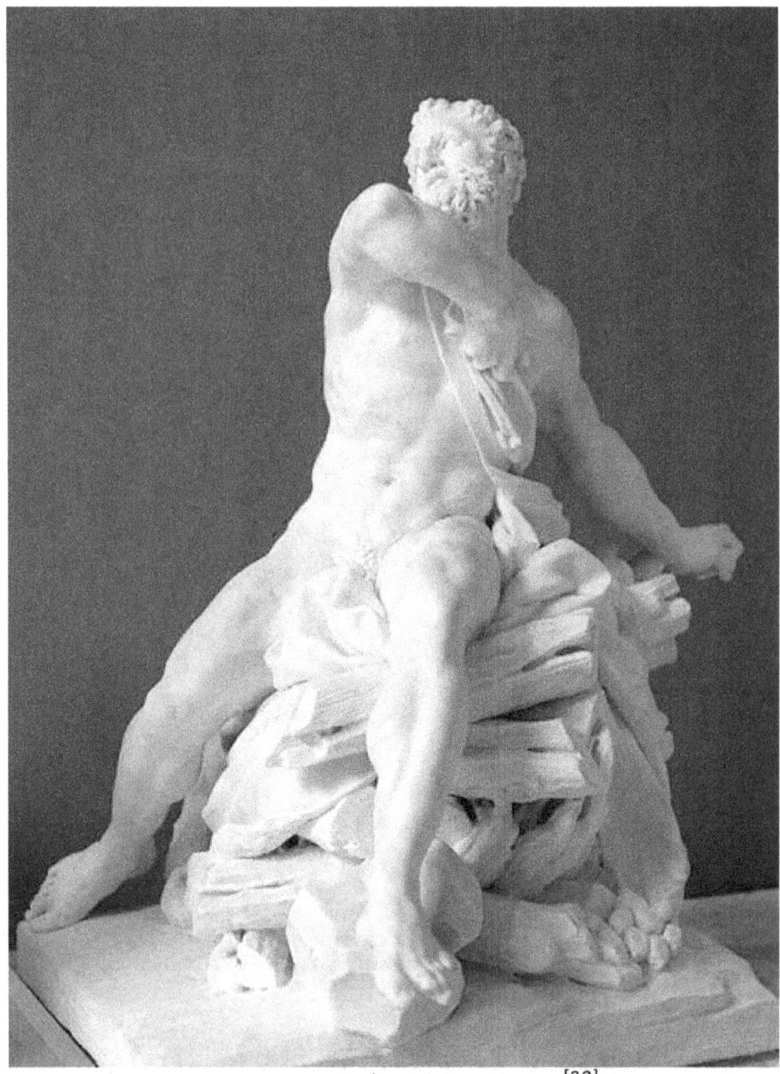

FIGURA 1: Hércules na pira[32]

De acordo com Ojugas (1999), a dor, no curso da história, passou por inúmeras formatações. Foi vista como castigo – ao relembrar a história de Adão e Eva sendo expulsos do paraíso e condenados a sofrer dor moral e física –, bem como prova de coragem nos ritos de passagem nas culturas primitivas – que incluíam tatuagens, mutilações e provas de resistência a dores extremas para se conquistar uma posição na tribo. Além disso, também foi interpretada como rito de purificação nos rituais religiosos – lembrando a figura de Cristo que, torturado e crucificado, alcançou a glória e ressuscitou, trazendo para os rituais de sacrifício o aspecto insigne.

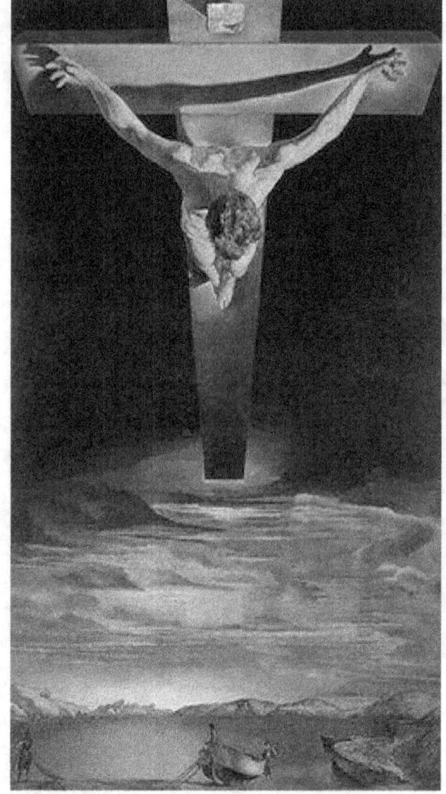

FIGURA 2: Cristo de São João da Cruz[33]

Na famosa obra de arte de Edvard Munch, *O grito*, de 1893, o artista retrata uma figura em desespero, em referência ao sofrimento vivido devido ao alcoolismo em determinada época de sua vida.

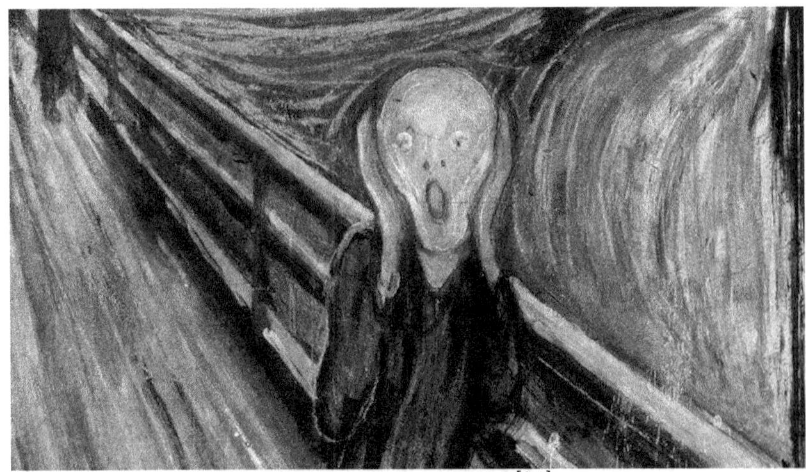

FIGURA 3: O grito[34]

Ojugas interpreta a figura como um ser assexuado, uma figura tortuosa e sem identidade que lança as mãos na cabeça em um sinal de pleno desespero, enquanto ao fundo se mostra a representação de amigos que se afastaram, deixando-o à mercê do próprio sofrimento.

A energia da dor, não ligada, desvinculada *(entbunden)*, pode assim encontrar-se ligada *(gebunden)*, não sem um empobrecimento do conjunto do sistema, já que ele é forçado a reunir todas as suas energias nesse ponto. Há uma espécie de equilíbrio energético que faz com que as outras atividades desse corpo, desse organismo, sejam empobrecidas, o que explica perfeitamente a observação do indivíduo sofredor que não se interessa por nada exceto pelo seu sofrimento. (Laplanche, 1998, p. 183).

Aubert (2017) enfatiza o quanto a dor corporal promove uma ruptura do equilíbrio e do bem-estar, ao passo que a dor psíquica afeta a serenidade e a felicidade. Pontalis (2005) acrescenta que, tanto da dor física quanto na dor psíquica, "não há metáfora, criação de sentido, mas somente analogia, transferência direta de um registro ao outro, como se, com a dor, o corpo se transformasse em psique e psique em corpo." (p. 16). A partir dessa ausência de sentido proveniente da experiência dolorosa, o autor, juntamente com Laplanche, trará à tona o questionamento a respeito do que é almejado pelo indivíduo à medida que, a partir de seu sofrimento prévio, busca "obter um ganho de prazer num outro lugar intrapsíquico." (Pontalis, 2005, p. 269).

Assim, partiremos para uma breve análise da vida e da arte da pintora mexicana Frida Kahlo, no intuito de estabelecer a correlação da experiência artística como essa busca por "outro lugar intrapsíquico" e as vivências dolorosas físicas e psíquicas pelas quais passara, na tentativa de extrair alguma representação, que a dor e o trauma são escassos.

FRIDA KAHLO E A ARTE

> Preciso de minha dor, agora
> sou algo por meio dela.
> (Pontalis, 2005, p. 274).

Magdalena Carmen Frida Kahlo y Calderón, nascida em 6 de julho de 1907 em Coyoacán (cidade dos arredores da Cidade do México), foi uma pintora mexicana. Frida é vastamente conhecida pela sua história de vida, que foi recheada de experiências dolorosas, e também por suas obras, que em sua maioria eram constituídas de autorretratos. Já de início, podemos observar a pertinência da colocação de Carvalho (2012) de que "o sujeito traumatizado teria perdido sua autoconfiança e por isso retira seu investimento libidinal e seu interesse dos objetos para reinvestir o Eu" (p. 492).

A vida da pintora já se inicia com a rejeição de sua mãe, que, além de ter sofrido uma depressão pós-parto, engravidou de sua irmã mais nova (futuramente ela se transformaria na amante de Diego Rivera, então marido de Frida) ainda quando Frida era bebê. Não podendo amamentá-la, entregou-a a uma ama de leite indígena (que aparece de forma anônima em uma de suas pinturas). Aos seis anos, Kahlo é acometida pela poliomielite, doença que lhe deixou com a sequela de uma atrofia na perna direita, causando o apelido de "Frida perna de pau" (Alberti, 2008, p. 410).

Em 1925, sofre um acidente. O bonde que estava se choca com um ônibus, e ela é atravessada por uma barra de ferro que quase lhe tirou a vida. Nesse acidente, fraturou a coluna vertebral em três lugares, a clavícula, duas vértebras (a terceira e a quarta), onze fraturas no pé direito – que foi esmagado –, luxação no cotovelo esquerdo, pelve fraturada em três lugares, além do atravessamento da barra de ferro – que causou um rasgo em sua vagina. Foram necessárias 32 cirurgias, enquanto Frida ficou imobilizada por um longo período de tempo.

Retratando esse momento de sua vida, ela pinta o quadro *A coluna quebrada*. Na obra, seu corpo, partido e contido por amarras, é atravessado por uma estrutura de ferro, enquanto pregos estão fincados em todo o seu corpo além do atravessamento da barra de ferro – anunciando a presença das fincadas produzidas pela angústia. Na imagem ainda se somam as lágrimas que caem de seus olhos e seu olhar vazio, enquanto, ao fundo, existe um cenário desértico.

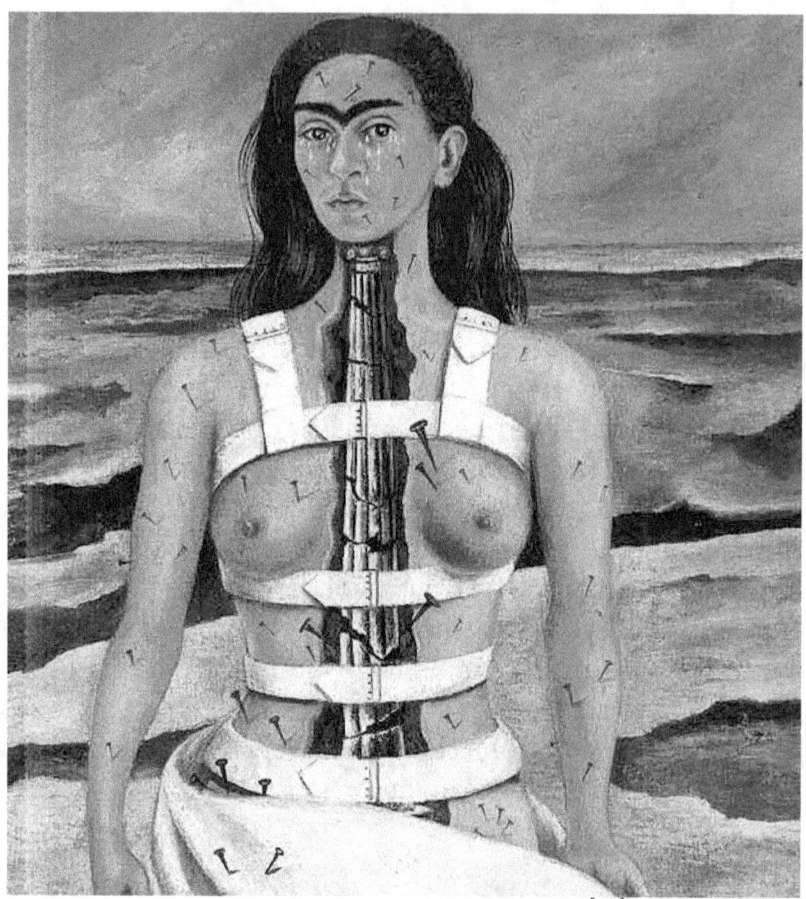

FIGURA 4: A coluna quebrada[35]

Frida não se reconhecia na denominação de pintora surrealista, como fora afamada. Afirmava que não pintava sonhos, mas, sim, sua própria realidade, "só realismo". Apesar da afirmação, é evidente sua articulação com o surrealismo e o esforço simbólico que faz. Tomemos o seguinte quadro:

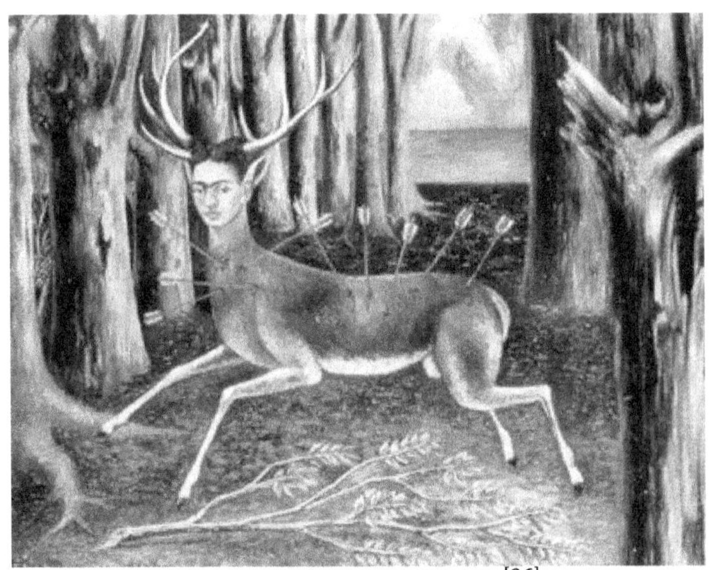

Figura 5: O veado ferido[36]

No quadro, a pintora se representa como um veado abatido por flechas. A imagem do corpo aberto, ferido, penetrado ou violentado irá se repetir diversas vezes ao longo de sua obra. Nossa hipótese, aqui, é que tais reiterações são tentativas de simbolizar a efração pulsional – tanto aquela proveniente dos traumas mais tardios (o acidente, em especial), quanto, principalmente, aqueles mais precoces (a depressão materna).

Em *Entre o sonho e a dor* , Pontalis (2005) nos traz algo sobre o surrealismo:

> O surrealismo, sem dúvida não renovou categorias psíquicas, como a psicanálise o fez; mas, com mais vigor e felicidade que esta, que se limita a verificar a realidade interior é pelo menos tão opressora como a exterior, esses *sonhadores ativos* não deixaram de ampliar o campo do possível. (Pontalis, 2005, p. 15, grifos do autor).

A obra de Kahlo é recheada de autorretratos de momentos importantes de sua vida, mas principalmente de seu sofrimento corporal e psíquico. Suas pinturas foram consideradas confusas e sem sentido por muitos.

Frida pintava o que era impossível de dizer. Foi capaz de

produzir obras sobre diversos momentos de sua vida, porém, o acidente que lhe acometera em 1925 – uma experiência extremamente dolorosa e permanente –, não conseguiu retratar.

Frida nunca conseguiu pintar seu acidente. Anos depois, ela disse que até tinha tido a intenção, mas não conseguira porque o acidente era "complicado" e "importante" demais para ser reduzido a uma única imagem compreensível. Existe apenas um esboço sem data ... O desenho brusco e cru sugere que o tema causava tamanha perturbação que Frida não conseguia controlar seu traço. (Herrera, 2011, p. 97).

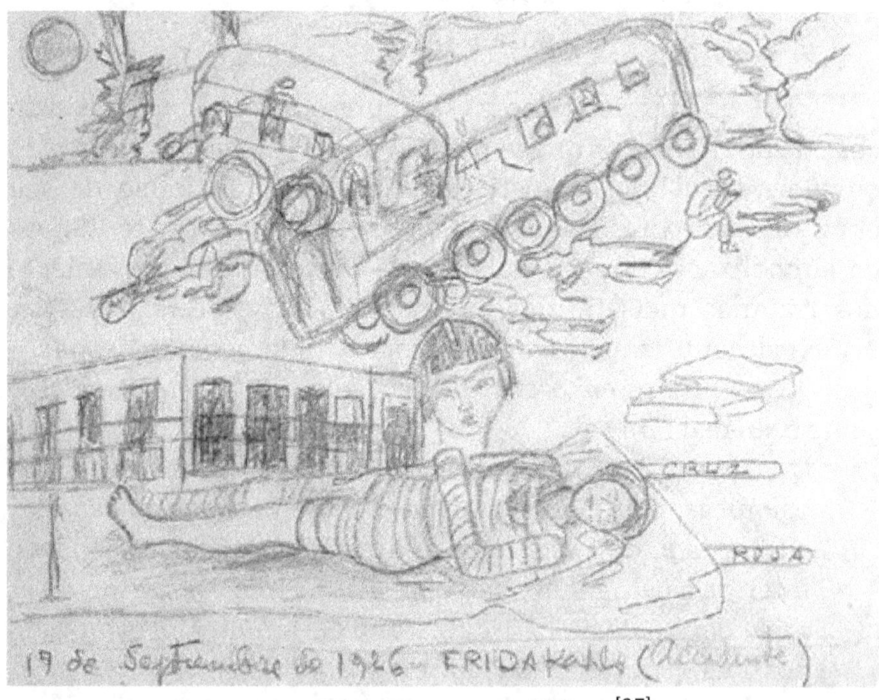

FIGURA 6: O Acidente[37]

Sua última obra, *Viva la Vida*, de 1954, foi criada oito dias antes de sua morte, enquanto estava confinada em uma cama devido a uma broncopneumonia. Frida estava pintando diversos quadros no estilo natureza morta, retratando melancias e romãs. Seu intuito era representar a beleza e a transitoriedade, e que, mesmo belas e frescas, as frutas também apresentam machucados "... suas melancias e romãs aparecem cortadas e abertas, revelando polpas suculentas e com sementes, o que nos faz pensar nos autorretratos feridos e sua associação com o sexo e dor." (Herrera, 2011, p. 481).

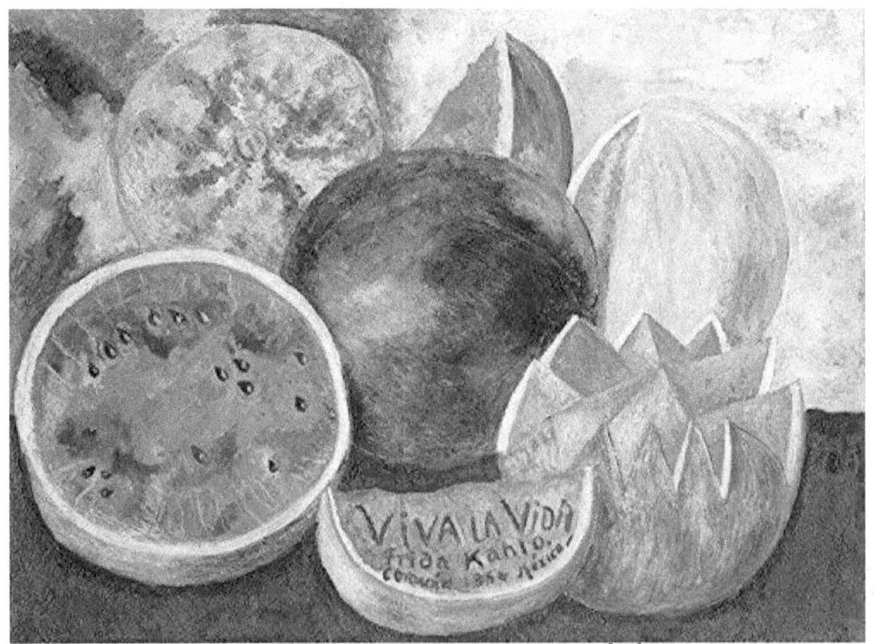

Figura 6: Viva la Vida[38]

Assim, é prudente considerarmos que a vivência de dor é permeada por uma sensação de invasão, que rompe o "invólucro psíquico" deixando suas marcas na insistência do retorno. É sabido que a invasão provocada pela dor promove um desequilíbrio, deixando parte da energia não ligada circulando no aparelho psíquico, solta e sem significação – assim como nos lembra Laplanche na *Problemática I*, ao trazer a questão da efração e do irrompimento de energia dentro do aparelho psíquico causado pela dor, gerando um desequilíbrio entre os limites dentro e fora.

Portanto, a efração por si só não basta. Uma vez criada, constitui-se uma espécie de emissor de excitações, excitações que tendem a propagar-se por todo o aparelho, fazendo fracassar a distinção habitual que, é nitidamente estabelecida pelo organismo, entre as fontes internas de excitação e as fontes externas. (Laplanche, 1998, p.182).

Tal desequilíbrio que ocorre embaça os limites entre o interno e o externo, fazendo com que a excitação (dor) que provém de fora seja assimilada como interna. Somando ao fator de estímulo constante que a dor causa, e essa transformação do exógeno para o endógeno, Freud nos propõe que a dor seria uma pseudopulsão (Laplanche, 1998, p. 182).

Carvalho (2012) vem complementar atestando que Freud fez a conexão do trauma com a pulsão, na medida da semelhança de seus funcionamentos, e afirma que "qualquer situação traumática é necessariamente habitada pela pulsão" (Carvalho, 2012, p. 489), e a pulsão, por sua vez, é habitada pelo sexual, proveniente da mensagem enigmática vinda do outro e sentida como "ataque pulsional". A partir disso, lembremos que a mensagem enigmática, que é enviada do adulto para a criança ao longo dos cuidados iniciais, impele-a a traduzi-la. Nesse processo de tradução, e através dele, existe a busca por domínio da excitação gerada (Carvalho, 2012, p. 489).

Esses cuidados, que são de extrema necessidade, também impõe ao bebê uma quantidade alta de excitação por meio de mensagens sedutoras inconscientes que surgem por uma tradução, marcando, assim, uma assimetria entre a potência do adulto e a passividade do bebê – que Laplanche chama de situação antropológica fundamental (Martinez, 2012, p. 476).

Partindo da ideia de assimetria de Laplanche, causada pela experiência de cuidados do adulto com o bebê, das mensagens enigmáticas endereçadas, a tentativa de tradução e domínio do desconforto causado, pensamos numa possível interpretação da experiência dolorosa como análoga. Assim como a situação antropológica fundamental, a experiência de dor possui a característica de uma invasão exógena, que é sentida como interna, passível de uma assimetria de sentido, e instaura uma busca por representação.

Ao pensarmos a respeito dos efeitos que a dor física é capaz de gerar na esfera psíquica e sua carência de representação (que geraria a descarga), a palavra e a imagem vêm auxiliar, e, portanto, "a arte seria, assim, o lugar que vem se *mostrar* o impossível de dizer e o impossível de se ver." (Leite, 2006, p. 118).

Observemos a pintura *Sem Esperança*, de 1945:

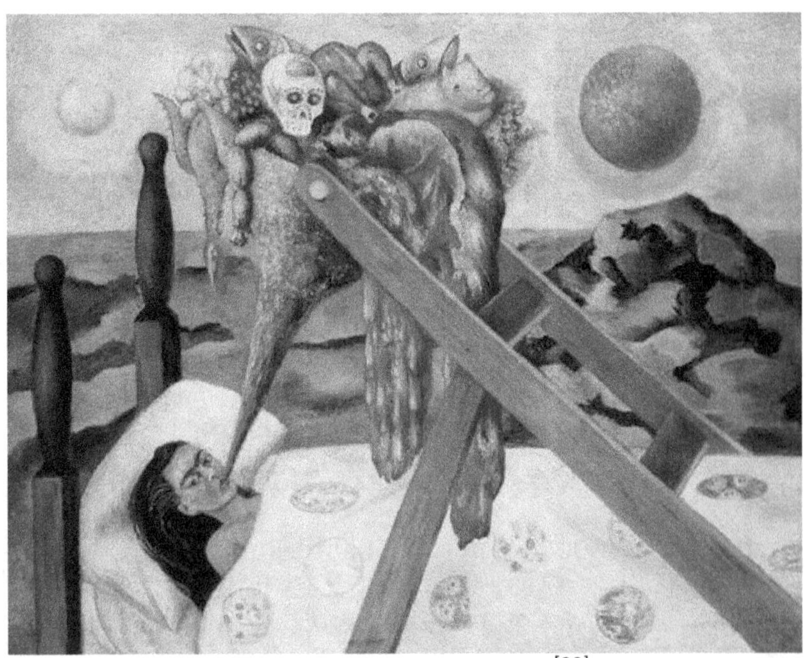

Figura 7: Sem esperança[39]

A posição passiva é retomada por Frida Kahlo de maneira muito violenta. Reabre-se a situação originária, tal como podemos ver na figura 7. Sem esperança, como um bebê que suga no seio materno apenas a morte. Até que ponto os efeitos hiper-apassivantes advindos do acidente não reabriram os efeitos traumáticos produzidos pela mãe deprimida e religiosa da artista?

A pintora sabia que estava morrendo e, enquanto afinava os detalhes de seu funeral, solicitou que fosse cremada. Frida não temia a morte, mas temia a ideia de ser enterrada deitada e assim ficasse por toda a eternidade – presa na posição que teve de se submeter por grande parte de sua vida em momentos de extremo sofrimento físico.

Magdalena Carmen Frida Kahlo y Calderón morreu em 13 de julho de 1954 em Coyoacán. Apesar de sua morte, sua dor permanece eternizada nas imagens que produziu ao longo da vida. Frida deixa em seu legado a possibilidade de se enxergar a dor.

REFERÊNCIAS BIBLIOGRÁFICAS

Alberti, S. (2008). *A sexualidade na aurora do século XXI*. Rio de Janeiro: Cia. de Freud: CAPES.

Aubert, A. (2017). *A dor: originalidade de uma teoria freudiana*. São Paulo: Escuta.

Carvalho, M. T. M. (2012). Sofrimento psíquico, acontecimento traumático e angústia pulsional. *Psicologia em Estudo*, Maringá, v. 17, n. 3, p. 487-497, jul./set. 2012. https://www.scielo.br/j/pe/a/3Jmg8gW98TXYx79j65WmPxw/?format=pdf&lang=pt

Figueiró, J. A. (2000). *A dor*. São Paulo: Publifolha.

Fortes, I. (2012). *Dor psíquica*. Rio de Janeiro: Companhia de Freud.

Herrera, H. (2011). *Frida: a biografia*. São Paulo: Globo.

Laplanche, J. (1998). *Problemáticas I: a angústia*. (Cabral, A., Trad.). São Paulo: Martins Fontes.

Leite, N. V. de A. (2006). *Angústia: o afeto que não engana*. Campinas, SP: Mercado das Letras.

Martinez, V. C. V. (2012). "Suzana e os velhos": sedução, trauma e sofrimento psíquico. *Psicologia em Estudo*, 17(3), pp. 475-485. https://www.scielo.br/j/pe/a/

NHB5s37dXT9fzrDqvd3Sths/?lang=pt

Ojugas, A. C. (1999). *A dor através da história e da arte*. Atlas Medical Publishing Ldt, 1999, v. 1.

Pontalis, J-B. (2005). *Entre o sonho e a dor*. Aparecida-SP: Ideias & Letras.

Shakespeare, W. (2011). *Macbeth. [1564-1616]*. Rio de Janeiro: Nova Fronteira.

E QUE NÃO RIU COM A RISADA DE ANDY WARHOL

Diego Henrique Rodrigues

Como sugere o verso da música *Reconvexo*, de Caetano Veloso, utilizada como título para este texto, é fácil imaginarmos que a figura inusitada de Andy Warhol tenha inspirado muitas risadas no período de aclamação da *Pop Art*. Quem não se lembra de suas icônicas serigrafias de Marilyn Monroe e Mao Tsé-Tung? Suas obras eram produzidas por meio de um processo semimecanizado, em série. Seu ateliê-"inferninho", conhecido internacionalmente pelo eloquente nome de *The Factory*, se situava na Manhattan dos anos 60, época áurea do lema "sexo, drogas e *rock'n'roll*". Se Andy Warhol fez muita gente sorrir, por outro lado, também é sabido que fez outras tantas chorarem. Não por acaso, em 1968, a feminista radical Valerie Solanas, fundadora da *Society for Cutting Up Men* (SCUM), quase o matou com três tiros após o artista perder o roteiro de uma peça de teatro escrita por ela. Em uma entrevista na ocasião do lançamento de sua biografia mais recente – *Holy Terror: Andy Warhol close up* (2014) –, Bob Colacello, escritor da obra, o descreve como um mentiroso contumaz e cita uma de suas célebres frases: "Eu não quebro as regras, porque não tenho nenhuma regra." (Kivila, 2017).

Nesta explanação, nosso objetivo será o de "fazer trabalhar" a teoria laplancheana a partir da produção artística de Andy Warhol. Quando utiliza a expressão "fazer trabalhar", Laplanche se refere a um trabalho que é, sobretudo, interno, retomando, dessa maneira, sua tese fundamental de um movimento psíquico que é essencialmente fundador, enigmático e tradutivo, tudo isso a um só tempo. Além disso, para Laplanche, "o trabalho sobre a cultura é um trabalho tão nobre como o trabalho na clínica. É um campo de investigação que traz elementos fundamentais à teoria psicanalítica." (SIGAL, 1990, p. 83).

Para darmos mais um passo nessa trilha de contribuições à psicanálise, seguiremos o caminho proposto por Laplanche (2016) em seu texto *Sublimação e/ou inspiração*. Tal texto nos apresenta uma crítica contundente da noção freudiana de sublimação – visto que se baseia na ideia de que a sublimação seria um destino dessexualizado das pulsões. Mas, antes, voltemos à definição de sublimação tal qual ela aparece no *Vocabulário da Psicanálise*:

> Processo formulado por Freud para explicar atividades humanas sem qualquer relação aparente com a sexualidade, mas que encontrariam o seu elemento propulsor na força da pulsão sexual. Freud descreveu como atividades de sublimação principalmente a atividade artística e a investigação intelectual. Diz-se que a pulsão é sublimada na medida em que é derivada para um objetivo não sexual e em que visa objetos socialmente valorizados. (Laplanche & Pontalis, 2001, p. 494).

Em conformidade com a perspectiva laplancheana de ampliar o leque de questões que a psicanálise nos dá acesso, a partir de todos os desenvolvimentos posteriores a Freud, Laplanche faz uma colocação deveras relevante: "Se "tudo é sexual", o único problema da Psicanálise é revelar o modo como o sexual se mascara, se traduz sob outras formas." (Laplanche, 2016, p. 2). Está dado aqui o caminho que iremos percorrer na análise da produção artística de Andy Warhol. De que forma a pulsionalidade se esconde e se revela em suas criações? Como pensar o eterno trabalho psíquico de tradução, destradução e retradução dos restos pulsionais a partir de suas obras?

Apesar do aspecto inquietante e até perturbador das produções artísticas de Warhol, é indiscutível que sua arte tenha servido de inspiração para posteriores inovações – não só no próprio campo artístico, mas também na publicidade e na cultura ocidental de maneira geral. Sendo assim, é possível pensarmos que as produções artísticas de Andy Warhol estão alinhadas com a ideia laplancheana de movimentos simultâneos de sublimação e/ou inspiração. O fato que se mostra é a dificuldade de indiferença ao trabalho subversivo e provocativo de Warhol, quer seja pela vertente da sublimação ou da inspiração. Pode ser pelo aspecto propriamente sublime e estético, como no caso da beleza simples das latas de sopa *Campbell's* ou das caixas de sabão *Brillo*, ou ainda por seu aspecto politicamente incorreto, como aparece em seus filmes.

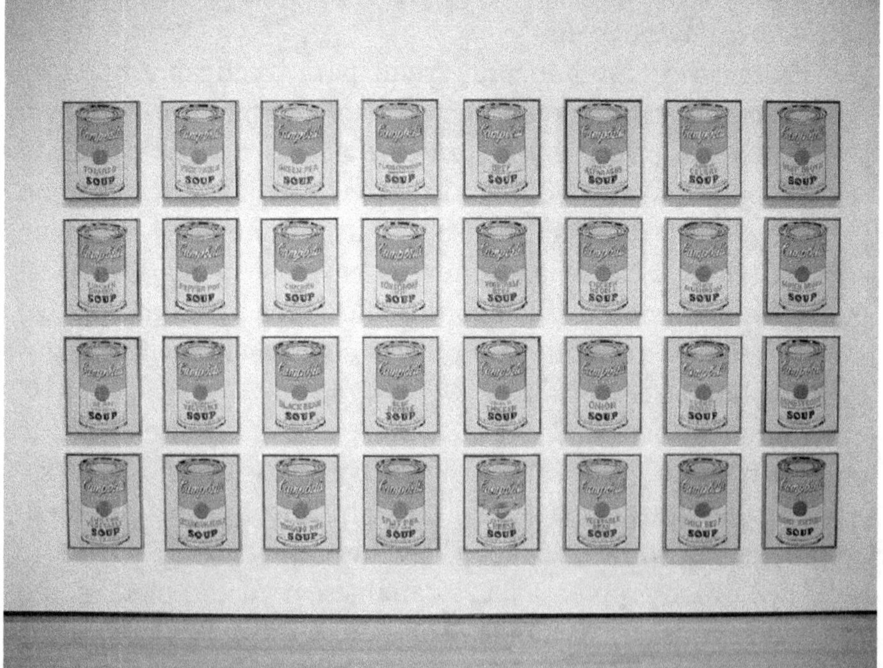

De 1962, a obra *Campbell's Soup Can* consistia em 32 quadros de aproximadamente 50x40cm com a pintura de todas as variedades de sabor da sopa enlatada que eram comercializadas pela companhia na época.

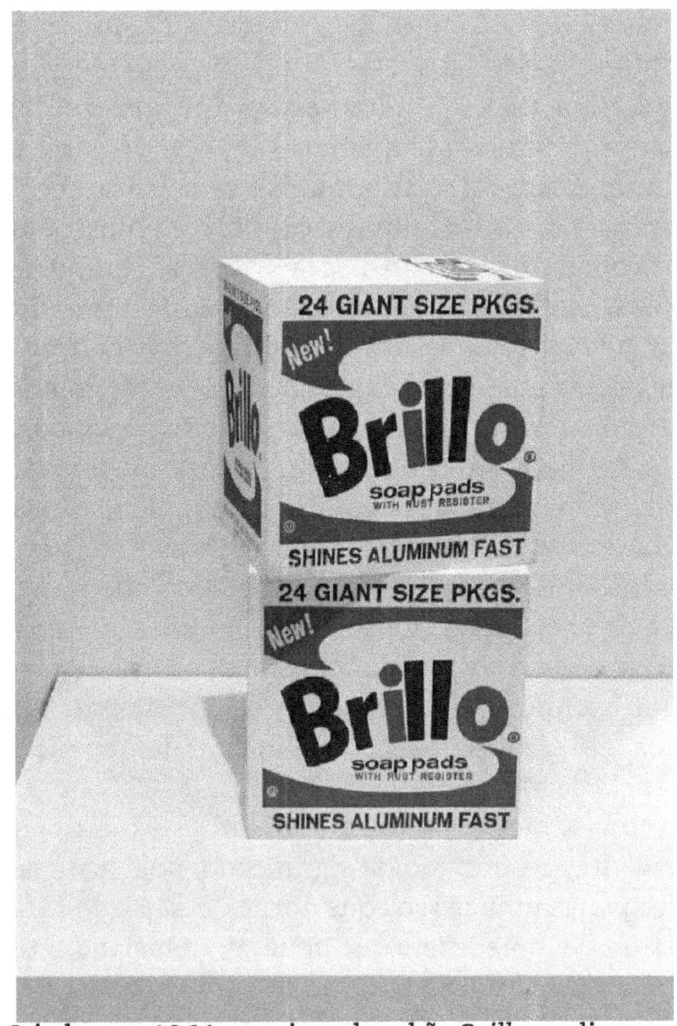

Criadas em 1964, as caixas do sabão *Brillo* mediam um tamanho próximo a 43x43x36cm e foram feitas de tinta de polímero sintético e tinta serigrafada sobre madeira.

Como obra de arte, a *Brillo Box* faz mais do que afirmar que é uma caixa de sabão dotada de surpreendentes atributos metafóricos. Ela faz o que toda obra de arte sempre fez: exteriorizar uma maneira de ver o mundo, expressar o interior de um período cultural, oferecendo-se como espelho para flagrar a consciência dos nossos reis.

OS FILMES

O filme *Sleep*, de 1963, é composto por um *take* contínuo de mais de 320 minutos de um homem dormindo. Do mesmo ano também é o filme *Kiss*, que consiste em uma tomada ininterrupta de 50 minutos, num plano fechado, em preto e branco, com uma iluminação "tosca", mostrando cenas intermináveis de beijos entre casais héteros, homossexuais e inter-raciais. No ano seguinte, ele fez os filmes *Blow Job* e *Empire*. O primeiro exibe um homem balançando sua cabeça numa atitude de quem está experimentando um grande prazer, o segundo, filmado em um tempo corrente superior a oito horas, mostra, de forma estática e sem som, o topo do edifício *Empire State Building* – sendo este, portanto, um filme impossível de ser exibido comercialmente. Para Marques e Duarte (2014):

> Os filmes de Warhol põem a nu tudo o que não cabe no filme de massas: o exibicionismo, a nudez, o ato sexual, o contato dos corpos anônimos, a homossexualidade. E tudo isto através de uma estratégia intencionalmente deceptiva ligada ao aborrecimento que nasce da repetição e da ausência de finalidade. (p. 426).

É um cinema verdadeiramente experimental e, aparentemente, desprovido de significado, pois nada acontece ali. Existe apenas uma pessoa que dorme, casais que se beijam e a arquitetura de um edifício que pode ser apreciada. Atente-se, porém, ao fato de que o efeito de prolongamento temporal é um componente inserido intencionalmente no filme para causar frustração em quem o vê. Andy desacelerava a velocidade de gravação para aumentar o tempo de duração dos filmes e, assim, o efeito de aborrecimento que isso causa faz parte de suas intenções artísticas.

Já os filmes que trazem nitidamente a temática sexual colocam o espectador na posição de *voyeur*. Conforme a definição freudiana de sublimação, parece-nos pouco provável dizer que Warhol tinha um objetivo não-sexual. Vemos, por trás de uma aparente falta de sentido na forma que os corpos são exibidos, a existência de uma contestação do preconceito contra homossexuais e o modo pasteurizado com que a sexualidade era retratada nos filmes produzidos para o grande público. Nesse sentido, Warhol pode ser entendido como um crítico profundo da cultura americana – embora essa crítica fique escondida justamente na aparente superficialidade dos filmes. Definitivamente não são filmes para serem contemplados, mas, sim, para provocarem uma reação, seja pela subversão de não conterem uma linha narrativa ou seja através do prolongamento temporal. Quem se propõe a ver essas imagens pode experimentar alguma sensação intrusiva como tensão, excitação, fascínio, tédio ou estranhamento.

De toda forma, parece-nos impossível separar a produção artística dos aspectos biográficos de quem as produz. No caso de Warhol, apesar de ser um dos pioneiros na temática gay no campo das artes, de adorar a presença de *drag queens* e de pessoas de diferentes etnias nas festas que promovia na *Factory* (festas que também eram frequentadas por pessoas influentes como Mick Jagger, Lou Reed, etc. Quem não se lembra da banana warholiana na capa do disco do *The Velvet Underground*?), Warhol não se colocava como um militante engajado em causas políticas. A sua única causa era ele mesmo.

De sua biografia tem-se que, tendo nascido de uma família pobre da classe trabalhadora, seu desejo de ascensão era gigantesco. Costumava dizer que queria ser o Picasso de seu tempo. Depois que conquistou fama e fortuna, desenvolveu o hábito de comprar tudo com dinheiro vivo e, por isso, sempre andava com um bolo de cédulas, sendo um comprador compulsivo, inclusive de diamantes e joias.

Com seu cabelo platinado, óculos de sol e aspecto andrógeno, era eclético, influenciador e influenciável. Gostava de se cercar de gente interessante, não necessariamente importante. Seu biógrafo, Bob Colacello, que trabalhou com Warhol dos anos 70 até 85, além de ser um confidente, afirma que era como se existissem dois Andys: um público, que era doce, educado e tímido e, um outro, privado, que era melancólico, irônico, que poderia ser rude e vampírico. (Kivila,

2017).

Distanciando-se das polêmicas biográficas, Danto (2004), em seu artigo intitulado *O filósofo como Andy Warhol*, pensa sobre as repercussões que a arte de Andy causou e como suas obras transformaram o próprio campo artístico. De acordo com a análise do autor, toda a imagem de si criada e cultivada por Warhol seria uma adequação alegórica para despistar a seriedade por trás do seu trabalho. Tal qual um filósofo, o artista ampliou as fronteiras do pensar sobre arte, na medida em que "violou todas condições tidas como necessárias a uma obra de arte, mas ao fazer isso, revelou a essência da arte." (Danto, 2004, p. 100).

No caso do filme *Empire*, ao apresentar uma imagem parada por um longuíssimo tempo, Warhol acabou subvertendo a noção mesma de filme, em contraste com a fotografia. Para Danto, "*Empire* demonstra que algo pode ser um filme em movimento e não mostrar movimento" (Danto, 2004, p. 102), o que criou condições para pensar que "somente imagens em movimento conseguem mostrar o congelamento do mesmo modo que o movimento." (Danto, 2004, p. 102). Nas produções cinematográficas "comuns", vamos acompanhando o desenrolar da história e a passagem do tempo, a partir do que se sucede com as personagens. Em *Empire*, tal encadeamento temporal é destruído, sendo a consciência temporal do espectador que se propõe a assistir um filme de oito horas de duração trazida para o primeiro plano. Nas palavras de Danto, "o tempo narrativo e o tempo real de *Empire* são o mesmo. O tempo no filme e o tempo do filme são os mesmos." (Danto, 2004, p. 103).

Para esse autor, portanto, o trabalho artístico de Andy Warhol deliberadamente nos leva a questionar se, de fato, existe diferença entre um tipo de arte tida como mais sofisticada e uma que é vista como simples (ou até idiota). Mais além, se há diferença entre a arte e a realidade. À percepção do olhar, exceto pelo tamanho, talvez não seja possível distinguir a caixa de sabão *Brillo* criada por Warhol daquelas que eram encontradas nos supermercados da época. Assim, "o que torna algo arte pode ser quase invisível, talvez apenas o modo como foi concebido e o que alguém quis que ele fosse." (Danto, 2004, p. 106).

WARHOL: ARTISTA E OBRA DE ARTE

Warhol se auto proclamava uma máquina, usava máquinas para fazer suas obras de arte e usava as pessoas como se fossem máquinas. Seus testes de cena se tornaram conhecidos, porque ele ligava a câmera e simplesmente dava as costas, numa atitude de aparente indiferença ou desprezo. A pessoa não sabia exatamente em que consistia o teste e nem o quanto ele iria durar. Andy deixava a câmera gravando continuamente para captar momentos imprevisíveis, criando, assim, uma situação de desorientação e constrangimento. Valerie Solanas, que foi protagonista de um de seus filmes, quando questionada sobre as razões de ter atentado contra a vida de Warhol, respondeu que ele deixou de lhe dar atenção e passou a tratá-la com frieza. Ele sabia fazer o outro sentir que ele se importava, mas também que estava ali apenas para servi-lo em seus caprichos.

Warhol morreu aos 58 anos, sozinho, de forma inesperada, depois de uma cirurgia de vesícula. Aconteceu em 1987, em um período reacionário da cultura norte-americana presidida por Ronald Reagan e sua "guerra contra as drogas", numa mansão com cômodos completamente tomados por pacotes de compras que nunca haviam sido desembrulhados.

Do ponto de vista da crítica de arte, as figuras produzidas por Warhol foram muito questionadas por não se apresentarem como objetos únicos e exclusivos, como, por definição, uma obra de arte deveria ser. O aspecto abertamente comercial e seu processo quase industrial de criação provocaram forte reação nos movimentos artísticos conservadores – tais como a tradição do expressionismo abstrato, dominante nos Estados Unidos após a Segunda Guerra Mundial e ainda ligado às tradições estéticas das Belas Artes, além de defenderem uma certa dose de ascetismo para as artes.

O expressionismo da época se vangloriava por ser um tipo de arte de difícil digestão, na qual até a escolha dos pigmentos era cuidadosamente pensada como meio através do qual o observador poderia ser transportado para o estado de espírito do artista que o pintou, como, por exemplo, no caso dos quadros de Pollock. Os críticos de arte daquela época postulavam que Nova Iorque teria superado Paris e que o expressionismo era a corrente artística herdeira, e superior, ao surrealismo que tinha vindo para a América junto com os pintores europeus fugindo da Segunda Guerra.

Foi em oposição a esse movimento que a *Pop Art* surgiu, uma vez que valorizava as coisas simples do mundo, fazendo tensionar, propositalmente, a visão da arte como algo sublime e inacessível. Warhol teve a capacidade de realçar aquilo de interessante que se escondia na aparência das coisas desinteressantes e, assim, conseguia dar um aspecto extraordinário para objetos ordinários.

Percebendo-a retrospectivamente, a obra de Warhol representa um verdadeiro programa de destruição da profundidade estética e espiritual do objeto artístico. Concordamos com o ponto de vista de Nogueira (2019) quando aponta que, apesar de existirem semelhanças temáticas – o interesse por coisas banais do cotidiano, como uma nota de um dólar, o dormir ou o beijar –, e semelhanças formais – como a falta de cortes nos filmes e a produção serial de telas – entre os filmes e os trabalhos de pintura, há uma diferença fundamental que se refere ao elemento de encontro ou desencontro, sempre imprevisível, entre a pessoa que é filmada e a câmera. Para o autor, "a arte pop acessa a realidade por meio das aparências." (Nogueira, 2019, p. 180). Mais do que isso, os filmes de Andy revelariam o quanto a dimensão do simulacro marca as nossas relações com o mundo.

No caso dos testes de cena, a dimensão transcendente da criação artística é completamente suprimida, e o que surge em seu lugar é uma experiência de puro testemunho do que se passa com aquele que é posto diante de uma câmera gravando, sendo alguém com algum reconhecimento artístico ou sendo apenas um dos muitos anônimos que frequentavam a *Factory*. O interesse de Andy, então, não se volta para a capacidade de interpretação ou para a performance artística de um ator, mas, principalmente, para o tipo de artifício utilizado pela pessoa – como ela se virava e qual solução empreendia diante da falta de referência para o suposto teste de cena –, que revela a inquietante proximidade entre o ser e o representar. "O cinema funciona como uma máquina da verdade que corrói poses e o teatro sensível que produzimos diariamente para nos apresentarmos diante do mundo." (Nogueira, 2019, p. 186). Warhol soube explorar as superficialidades de uma sociedade consumista para justamente aí encontrar uma verdade: se tudo é aparência, logo, tudo é falso. Verdade, entretanto, nunca absoluta, mas sempre escorregadia, se revelando e se ocultando em alguma medida.

Foi, portanto, na esteira das contribuições de Warhol que o movimento minimalista levou esse intuito ainda mais adiante. No lugar de uma dimensão espiritual, o que os filmes de Warhol nos oferecem é um aspecto sensual, sedutor e erótico. Ele intuiu que não precisava mostrar explicitamente uma cena de sexo oral para provocar uma sensação involuntária no expectador. Sabia que as lacunas daquilo que não era mostrado seriam preenchidas pela sexualidade do espectador, principalmente se levarmos em conta o que essa tem de parcial, descontínua, demoníaca, estrangeira e polimorfa.

O que se vê em seus filmes não é uma sexualidade bem acabada esteticamente ou socialmente valorizada e adaptada (na linha da definição freudiana de sublimação), mas, sim, uma abertura para as múltiplas possibilidades de sensações que emanam do corpo e fazem um apelo de tradução e de simbolização ao psiquismo, reabrindo os enigmas da sexualidade. Situação originária que pode se manifestar tanto diante de suas produções artísticas mais provocativas, quanto daquelas aparentemente mais banais: a lógica é a mesma.

ENCENANDO/REENCONTRANDO O ENIGMA

Será que podemos pensar nos filmes de Warhol como as mensagens enigmáticas que provocam a nossa pulsionalidade, ao mesmo tempo que nos transmitem algo da sexualidade e do inconsciente do próprio artista? Acreditamos que sim. A filmografia warholiana repete algo da opacidade intrínseca à sexualidade humana, sempre resistente à uma tradução completa, na medida em que não nos oferece elementos tradutivos suficientes como, por exemplo, uma linha narrativa dotada de sentido. Esses filmes que aparentemente nada dizem, na verdade, dizem muito sobre algo de nós mesmos. É o nosso próprio erotismo que é convocado tanto em seu aspecto ligado como não-ligado, portanto, algo bastante diverso da ideia de que a sublimação comportaria certa dose de dessexualização do campo pulsional. Essa é a crítica laplancheana ao que ele entende como sendo a "ausência de uma teoria coerente da sublimação" (Laplanche, 2016, p. 01) na obra de Freud. Ele faz essa crítica com justiça, deixando claro o que é possível encontrarmos no texto de Freud e o que é a sua própria contribuição. É assim que Laplanche "faz trabalhar" a teoria freudiana. "Sem ser arbitrários, pressionamos em certas direções implícitas o pensamento, mais que o próprio pensador teria querido fazê-lo." (Sigal, 1990, p. 89).

É inserido nesta metodologia que também estamos nos detendo no trabalho de Warhol. Pensando e pressionando nosso objeto de estudo, poderíamos nos perguntar: o que queria Andy Warhol? Seria um desejo de alargamento dos limites do campo das artes, seguindo um movimento que talvez tenha se iniciado com a obra *A Fonte* (1917), de Marcel Duchamp, que nada mais é do que um mictório de cabeça para baixo em que ele colocou uma assinatura "R. Mutt"? Tal obra impulsionou o conceito duchampiano de *ready-made*, cuja ideia principal é pegar um objeto comum e retirá-lo de seu contexto usual conferindo-lhe um contexto artístico inédito. Será que têm valor artístico somente os quadros e esculturas que estão em museus e galerias? Podemos considerar como comprovação disso o fato de que quando foi criada, *A Fonte* foi recusada pelos organizadores da *Society of Independent Artists* de Nova York.

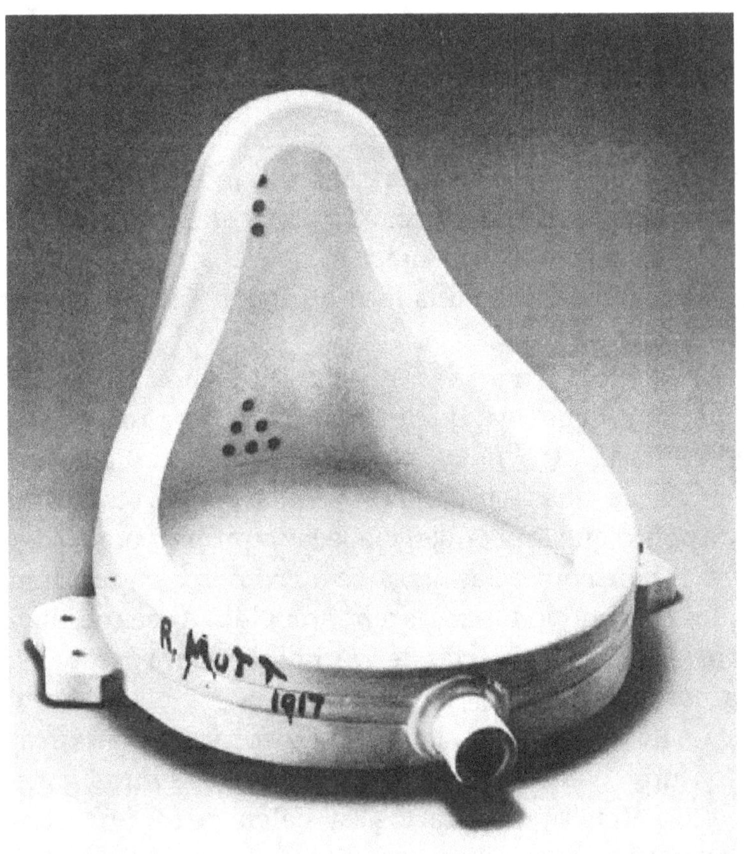

A Fonte (1917), de Marcel Duchamp

Quando fala em "mensagens", e não em linguagem, o que Laplanche quer enfatizar é justamente o aspecto de endereçamento, consciente e inconsciente, que possuem. Não se trata apenas de mensagens linguageiras, mas também incluem os gestos, cheiros, movimentos e os diversos sons que o adulto endereça à criança. As tentativas de tradução das excitações produzidas por essas mensagens deixam restos, pois é impossível traduzir completamente o que é não-linguístico para a linguagem da consciência e do Eu. Tais restos dessignificados formam o que Laplanche denomina de objetos-fonte das pulsões, dos quais emana a pulsão que será sempre uma alteridade exigindo novas traduções do que permaneceu como resto. Para Laplanche, a mensagem vem do outro, e a linguagem e a cultura da época, na medida do possível, fornecerão os elementos que atuarão como "assistentes de tradução". Acreditamos que tal dimensão também pode ser acessada a partir, por exemplo, do trabalho de Warhol, que, se em um primeiro momento causou estranheza, posteriormente, foi aclamado e alcançou reconhecimento e notoriedade.

Pensando a partir dessa lógica, podemos ressignificar a frase que Andy gostava: de que a sua regra era não ter regras. Quando se cria algo novo, em alguma medida, é preciso se desprender de quase tudo que já existe e ser radicalmente egoísta, pois o que está em jogo é levar o próprio ponto de vista às últimas consequências. Paga-se o preço, mas o resultado, se atingido, é a obra poder transcender a vida. A fecundidade das ideias originais e originárias de Warhol elevaram o universo *Pop* a uma potência talvez jamais imaginada por ele, assim como a canção Reconvexo, de Caetano, de forma enigmática, nos sugere. Andy Warhol fez filmes, revistas, gravuras, pinturas, moda e comerciais publicitários. Para além de ser um artista ele foi, ele próprio, a sua arte, a um só tempo, e simultaneamente, sublime e abjeta.

REFERÊNCIAS BIBLIOGRÁFICAS

Danto, A. (2004). O filósofo como Andy Warhol. *ARS*, São Paulo, v. 2, n. 4. https://www.scielo.br/j/ars/a/8Bv8yymDS5j7MwgTzpV6X8s/?lang=pt

Kivila, M. (2017). Interview with Bob Colacello: "Two Andys". [Video]. Youtube, 2017. https://www.youtube.com/watch?v=taRM8KHLLbA

Laplanche, J.; Pontalis, J. B. (2001). *Vocabulário da psicanálise.* 4. ed. São Paulo: Martins Fontes, 2001.

Laplanche, J. (2016). Sublimação e/ou inspiração. *Percurso.* São Paulo, ano XXIX, n. 56/57, 230   p.,   junho/dezembro de   2016. http://www.bivipsi.org/wp-content/uploads/ percurso-2016-56-57-5.pdf

Marques, B. J. S.; Duarte, M. M. (2014). Quando a Imagem Erótica nos Aborrece: Corpo, Sexo e Desejo no Cinema Experimental de Andy Warhol e Julião Sarmento. *AVANCA/Cinema.* Avanca, Portugal: Edições Cine-Clube de Avanca, 2014, pp. 425-434. https://www.academia.edu/8392544/ Miguel_Duarte_e_Bruno_Marques_Quando_a_Imagem_Erótica _nos_Aborrece_Corpo_Sexo_e_Desejo_no_Cinema_Experiment al_de_Andy_War%20hol_e_Julião_Sarmento_

Nogueira, C. (2019). Andy Warhol e o cinema como máquina da verdade. ARS, São Paulo, v. 17,   n.36,   pp. 175-190. https://www.scielo.br/j/ars/a/Gpdx8PvqDhX6B7zXwxj9gtw/ abstract/?lang=pt

Sigal, A. M. (1990). Fazer justiça ao texto: Um encontro com Jean Laplanche em Buenos Aires. *Percurso.* São Paulo, ano IV, p. 88-91, 2º semestre de 1990. http://revistapercurso.com.br/ pdfs/p0506_entrevista_ano03.pdf

Do canto ao silêncio das sereias: uma deriva inspirada

Ana Carolina Serpa

A ausência de um texto metapsicológico na obra freudiana dedicado ao conceito de sublimação, associada ao uso frequente que, apesar da lacuna teórica, dele se faz, pode ser interpretada a partir da via traçada por Jean Laplanche no artigo *Sublimação e/ou inspiração* como "uma indicação imperiosa da necessidade de se manter a questão aberta" (Laplanche, 2016, p. 1). Em contraposição aos usos vagos do conceito, o psicanalista francês abordou tal hiato como índice de uma exigência, que, por meio da teoria das pulsões, conferiu vida nova à ideia de sublimação, fazendo-a derivar para a noção de inspiração. É o caminho traçado por Laplanche do conceito de sublimação à noção de inspiração que será trilhado no presente artigo, tendo como objeto o canto XII da Odisseia, que narra o encontro de Ulisses com as sereias. O percurso será dividido em três momentos principais, sendo que cada movimento será articulado às contribuições de Adorno e Horkheimer (1947/2006), Blanchot (1959/2005) e Kafka (1917/2018), respectivamente.

O MITO

Homero narra, na *Odisseia*, o retorno de Ulisses ao lar após a vitória na Guerra de Troia retratada na *Ilíada*. O regresso envolve o embate com poderosas criaturas, superadas uma a uma pela astúcia do herói. No meio da Odisseia, no canto XII do poema épico, localiza-se o enigmático episódio aqui retratado, que conduzirá ao desembarque no tão almejado destino: a ilha de Ítaca.

Seres mitológicos, vistos como mulheres-pássaro na tradição grega, as sereias representam as ameaças do mar. Na Odisseia, não há nenhuma indicação sua aparência física, tratando-se, sobretudo, do apelo de uma voz – apelo ainda mais poderoso por atingir o mais passivo dos sentidos: a audição. Seu canto seduz com a promessa de conhecimento (elas que tudo sabem), e conduz ao lado mais obscuro da morte: o esquecimento. Aqueles que, desprecavidos, escutam o som agudo desses seres enigmáticos à casa não retornam, seus ossos restam putrefatos e suas peles ressequidas, sem nenhum tipo de rito funerário ou inscrição.

É o próprio Ulisses quem narra as artimanhas engendradas para que ele e seus companheiros não cedessem à atração. Para isso, o herói tapa os ouvidos dos companheiros com cera e, ele mesmo atado ao mastro do navio, pode escutar o canto sem riscos, conforme as orientações de Circe:

> Primeiro alcançarás as Sirenas, elas que a todos
> os homens enfeitiçam, todo que as alcançar.
> Aquele que se achegar na ignorância e escutar o som
> das Sirenas, para ele mulher e crianças pequenas não mais
> irão aparecer nem rejubilar com seu retorno a casa,
> pois as Sirenas com canto agudo o enfeitiçam
> sentadas no prado, tendo ao redor monte de putrefatos
> ossos de varões e suas peles ressequidas.
> Passa ao largo e tampa os ouvidos dos companheiros
> com amolecida cera melosa, pra que nenhum
> outro as ouça; mas tu mesmo, se quiseres, ouve
> após te prenderem as mãos e os pés na nau veloz,
> reto no mastro, e nele se amarrarem os cabos,
> para que te deleites com a voz das duas Sirenas
> (Homero, 2018, pp. 354-355).

Ulisses é retratado na Odisseia como um homem astuto, industrioso e prático. Com sua versatilidade e inteligência, arquitetou saídas para situações que pareciam intransponíveis, como a construção do cavalo de Troia – ardil decisivo para a vitória dos gregos na famosa guerra retratada na Ilíada. Sua engenhosidade, capaz de fazê-lo superar a fúria de deuses e a sedução de seres míticos, poderia, numa primeira visada, ser interpretada como testemunho de um herói todo poderoso contra o qual nenhuma outra força é capaz de sair vitoriosa. Olhando para os meios, entretanto, empreendidos por Ulisses para atingir seu objetivo de retornar ao lar, o que se destacam são as renúncias, as contenções e os sacrifícios do herói. O grande trunfo de Ulisses é o seu aguçado senso de realidade, além da propensão a conservar sua vida e a de seus companheiros acima de qualquer outra ambição, como glória e honra. Sabia-se mais fraco do que seus adversários, assim, sem a ilusão de ser onipotente, encontra no autocontrole e na astúcia os meios para derrotar as forças da natureza, desviando-se de um embate direto no qual sairia perdedor. Tal perspectiva o coloca em um polo oposto ao de outro personagem homérico: Aquiles.

> O contraste talvez mais significativo entre Aquiles e Ulisses revela-se precisamente no modo como eles encarnavam dois tipos de *arete* diferentes, se bem que não contraditórias, porque relacionadas com distintos estádios de evolução: o primeiro, uma personificação extrema da 'excelência' (ἀρετή) guerreira, não evita a morte nem atende à vida dos membros do seu exército, em nome do um destino/ideal superior, que lhe garanta aquele que é o supremo troféu dos verdadeiros heróis — o da eternidade; o segundo, como herói polítropo e *polymetis*, desafia os próprios limites da sua natureza humana, em prol da salvação dos seus companheiros — infortunadamente sem êxito — e por um desejo magnânimo de conservar a vida, porque dela dependia o seu *nostos* e, em última instância, o reequilíbrio do *oikos* pátrio. (Brasete, 2006, p. 12).

A determinação em regressar à pátria fez de Ulisses o herói do mito do retorno (Brandão, 2015). O termo grego para retorno, *nostos*, possui também a conotação de "retornar da morte para a vida" (Frame como citado em Werner, 2018, p. 64). "Se a Ilíada é o poema do herói que, por seu caráter e decisões, apressa seu percurso rumo à morte, Odisseu é aquele que dela sempre de novo escapa" (Werner, 2018, p. 72). É nessa via de afirmação da vida diante da morte que Ulisses pode ser considerado também um herói da cultura.

ULISSES: O HERÓI DA CULTURA

Adorno e Horkheimer (1947/2006) em *Ulisses ou Mito e Esclarecimento*, texto que integra o livro *Dialética do esclarecimento*, interpretam a *Odisseia* como a representação de um passo decisivo no processo que culminou no Iluminismo e no advento do sujeito burguês. O esclarecimento é compreendido pelos autores como a marcha conquistadora civilizatória, que busca subjugar as forças da natureza por meio da razão instrumental. Para Adorno e Horkheimer, o mito já constituiria um produto do esclarecimento em sua tentativa de antropomorfizar a natureza, de fixá-la e explicá-la, para melhor dominá-la. A *Odisseia* integraria tal movimento ao reunir, em uma unidade organizada e coerente, lendas e mitos difusos. "O mundo homérico pleno de sentido revela-se como obra da razão ordenadora, que destrói o mito graças precisamente à ordem racional na qual ela o reflete" (Adorno & Horkheimer, 1947/2006, p. 47). Em estreita relação com o argumento freudiano sobre o processo de formação cultural desenvolvido em *O mal-estar na civilização*, os representantes da escola de Frankfurt destacam o aspecto dialético do fenômeno em que "toda tentativa de romper as imposições da natureza rompendo a natureza resulta numa submissão ainda mais profunda às imposições da natureza" (Adorno & Horkheimer, 1947/2006, p. 24). Ou seja, o avanço em direção a um domínio cada vez maior da natureza e o esforço para se conservar a si mesmo produziria, paradoxalmente, a mitologização do esclarecimento sob a forma da ciência positiva e da naturalização do homem civilizado: "Tal foi o rumo tomado pela civilização europeia" (Adorno & Horkheimer, 1947/2006, p. 24).

No seio da *Odisseia*, o episódio do canto das sereias reencena, na interpretação dos autores, o drama que envolve a passagem da natureza à cultura. Diante da ameaça de cair enfeitiçado pelo canto sedutor de tais potências míticas, Ulisses recorre ao estratagema de se amarrar firmemente ao mastro do navio, recurso este que remete ao autocontrole e à renúncia pulsional que marcam a entrada na civilização. A promessa de felicidade das sereias, que tocam no desejo de retornar ao prazeroso estado indiferenciado no qual o indivíduo ainda não se destacou da natureza, é recusada. Em contrapartida, Ulisses conquista a autoafirmação unitária; o herói se autossacrifica constituindo, assim, a subjetividade (Matos, 1987).

O eu que, após o extermínio metódico de todos os vestígios naturais como algo mitológico, não queria mais ser nem corpo, nem sangue, nem alma e nem mesmo um eu natural, constitui, sublimado num sujeito transcendental ou lógico, o ponto de referência da razão, a instância legisladora da ação. (Adorno & Horkheimer, 1947/2006, p. 36).

"A história da civilização é a história da introversão do sacrifício" (Adorno & Horkheimer, 1947/2006, p. 54). Ulisses pode ser considerado, assim, um dos heróis culturais nos termos em que Freud (1932/2010) retratou o mito de Prometeu em *A conquista do fogo*. Na interpretação freudiana do mito, o titã roubou o fogo dos deuses e o entregou aos homens, não para que eles pudessem livremente dispor de um gozo antes restrito às divindades, mas para que pudessem conservá-lo por meio da renúncia à satisfação de natureza homossexual[40] que a extinção do fogo proporcionava. Por impedir a satisfação de um desejo, Prometeu teria provocado o rancor da humanidade, o que explica sua punição: o titã foi acorrentado a uma rocha e o seu fígado, órgão considerado pelos antigos como a sede das paixões, era comido diariamente por um abutre, em um ciclo de renascimento e extinção.

O sentido da manobra empreendida por Prometeu se assemelha a de Ulisses. Quando Adorno e Horkheimer afirmam que o herói grego consegue sair como o vencedor de suas aventuras, e assim conservar-se, é possível perceber que tal feito se dá somente às custas de uma vitória sobre sua própria natureza. Logrando os deuses, Ulisses logra a si próprio. Na mesma via, Freud descreve o artifício engendrado por Prometeu contra os deuses em termos intrapsíquicos:

Mas por que a aquisição do fogo está inseparavelmente ligada à ideia de um crime? Quem é o fraudado, o prejudicado? Na lenda narrada por Hesíodo há uma resposta direta, pois numa outra história, não diretamente relacionada ao fogo, Prometeu engana Zeus e favorece os homens na preparação do sacrifício. Portanto, os deuses são fraudados! É notório que o mito concede aos deuses a satisfação de todos os desejos a que o ser humano tem de renunciar, como sabemos do incesto. Diríamos, em linguagem psicanalítica, que a vida instintual, o Id, é o deus enganado com a renúncia à extinção do fogo, um desejo humano é transformado em privilégio divino na lenda. Mas nela a divindade nada possui do caráter de um Super-eu, é ainda representante da poderosa vida instintual" (Freud, 1932/2010, p. 402).

Jean Laplanche retoma a discussão sobre o mito de Prometeu em seu estudo sobre a problemática da sublimação. O psicanalista destaca a extraordinária subversão empreendida por Freud na interpretação do mito: de alegoria da transgressão – pela audácia de ter roubado o fogo dos deuses e o entregado aos homens – a herói da renúncia. Seguindo as pistas deixadas por Freud, Laplanche analisa também o paralelo estabelecido entre Prometeu e o herói Hércules. Prometeu, acorrentado ao rochedo pagando por seu "crime", foi libertado por Hércules. Na linha temporal estabelecida pelos mitos, os eventos herculeanos são posteriores aos prometeicos. Se a conservação do fogo representou uma importante conquista cultural, justificando o interdito de Prometeu que impedia sua extinção, por outro lado o fogo também pode gerar incêndios devastadores, sendo necessário, então, revogar o interdito e consumá-lo com o poder das águas de Hércules, que será, por esse motivo, alçado à posição de herói libidinal em contraposição a Prometeu. Laplanche encontrará nesses dois tempos representados pelos heróis da mitologia grega uma abertura teórica para questionar se tal oposição não poderia significar que o próprio conceito de sublimação deveria ser desdobrado:

Prometeu, herói antilibidinal, Hércules, talvez mais próximo de um herói libidinal; ambos, apesar de tudo, para o maior bem do progresso e dos fins culturais. Essa oposição significará que o próprio conceito de sublimação deveria ser desmantelado ou, em todo caso, desdobrado, colocando-se de um lado uma sublimação ligada ao recalque, do outro uma sublimação mais próxima das fontes libidinais diretas? (Laplanche, 1989, p. 149).

Antes de seguir na direção apontada por Laplanche em seu esforço de fazer o conceito de sublimação derivar, é preciso destacar sua compreensão sobre o tema. Para o psicanalista francês, o processo de sublimação envolve a transposição da sexualidade anárquica da pulsão de morte em pulsão de vida. Nesse sentido, a tendência à descarga absoluta precisaser substituída pelo investimento libidinal em objetos estáveis. Tal movimento conquistador da pulsão de vida ocorre em cada existência individual por meio da simbolização. O *Eu*, agente maior de Eros, opera em consonância com um sistema simbólico-ideológico para ligar a pulsão sexual desligada. Acompanhando o raciocínio do autor, a famosa colocação freudiana "Wo Es war sol Ich werden" poderia ser traduzida como: "lá onde era a pulsão de morte, Eros, a pulsão de vida, deve advir". A sublimação seria, portanto, o processo normal de aculturação, o triunfo das pulsões de vida sobre as pulsões de morte. Ulisses atado ao mastro, resistindo ao canto sedutor das sereias, conforme a interpretação proposta por Adorno e Horkheimer, seria uma imagem paradigmática de tal movimento de vitória do *Eu* sobre o apelo destrutivo de uma sexualidade sem amarras.

Em relação aos processos de ligação realizados pelo *Eu*, Laplanche discrimina duas modalidades complementares e associadas. A primeira, de tipo gestaltista, eminentemente narcísica, visa impor uma unidade à diversidade da pulsão. A segunda, caracterizando um modo de ligação mais complexo, procura estabelecer conexões simbólicas de acordo com o modelo de tradução da mensagem enigmática. Com a introdução da noção de mensagem enigmática, entramos em um novo âmbito da teoria laplancheana, que possibilita uma passagem do movimento ptolomaico, de fechamento e que caracteriza os processos do *Eu*, para o copernicano, que assinala a dimensão irredutível da alteridade e aponta para um dos motores da sedução relacionado à situação antropológica fundamental. A relação entre mãe e bebê partiria de uma comunicação de base não sexual na qual se alojaria uma intervenção unilateral da sexualidade do adulto, que, por meio da atenção e dos cuidados dirigidos à criança, endereça-lhe também mensagens decorrentes de suas fantasias inconscientes.

Por essa via, Laplanche retoma a temática da sedução infantil presente no artigo de Freud (1910/2013), intitulado *Uma recordação de infância de Leonardo da Vinci*. Os efeitos da sedução e do enigma se refletem nas pinturas de Leonardo: do perturbador sorriso de Mona Lisa ao enfeitiçador semblante de São João Batista, passando pela imagem de Santa Ana. O escrito também deixa uma pista que será seguida por Laplanche. Nele, Freud se refere a uma sublimação "desde o início", ou seja, que não passaria pelo recalcamento. Nessa direção, Laplanche buscará no movimento originário da própria pulsão alguma reminiscência que se contraponha ao fechamento ptolomaico da sublimação bem-sucedida e que conserva a perspectiva de abertura para o enigma do outro. O movimento de Laplanche encontra paralelo na busca empreendida por Maurice Blanchot pela fonte da literatura a partir da cena tema deste artigo.

UM RETORNO ÀS ORIGENS

O episódio mítico foi considerado por Blanchot a representação da origem e da fonte da literatura. Para o autor, a narrativa não é o relato de um acontecimento, mas o lugar onde o acontecimento é chamado a se realizar. É o movimento em direção a um ponto desconhecido, que só se realiza no próprio movimento da narrativa, mas que, ao mesmo tempo, é imprescindível que tenha sido alcançado para que a narrativa comece. Assim, três tempos compõem o mesmo movimento: o presente da narrativa e, na escrita, a busca de um ponto desconhecido por vir, que se relaciona com a origem, assim remetendo ao chamado, ou, em outras palavras, à sedução inicial. Nesse sentido, Ulisses precisou ouvir as sereias para se tornar Homero, mas é somente na *Odisseia* "que se realiza o encontro real em que Ulisses se torna aquele que entra em relação com a força dos elementos e a voz do abismo" (Blanchot, 1959/2005, p. 9). A luta entre Ulisses e as sereias representa o embate entre dois mundos distintos, cuja impossibilidade e desejo é a coexistência — só possível na literatura.

O percurso descrito por Blanchot se assemelha, em alguns aspectos, à presença da sedução como fonte da criação artística e científica de Leonardo da Vinci. A mensagem enigmática depositada através da sedução precoce infantil teria encontrado em Leonardo o destino "mais raro e mais perfeito", que envolve a sublimação desde o início em desejo de saber, sem passar pelo recalque. Na dialética que envolve a produção científica e artística do polímata renascentista, em alguns momentos a criação artística foi paralisada por seu ímpeto investigador. Mas em seu ensaio Freud destaca a importância de um encontro com Joconda para a reabertura do enigma ligado ao trauma da sedução em Leonardo:

> Ao atingir o ápice de sua vida, quando entrava na casa dos cinquenta [...], é assaltado por uma nova transformação. Camadas ainda mais profundas do seu conteúdo psíquico voltam a se ativar; mas essa nova regressão beneficia sua arte, que estava se ressecando. Encontra a mulher, que desperta nele a lembrança do sorriso feliz e sensual fascinado da sua mãe... Pinta a Mona Lisa, a Santa Ana como terceira, e a série de retratos misteriosos caracterizados pelo sorriso enigmático... (Freud como citado em Laplanche, 2016, p. 10).

Como percebemos na citação acima, o trauma do enigma não é adquirido ou aberto de uma única vez, ou seja, ocorre em eclipses. O processo envolve a disponibilidade para a surpresa que o encontro com o outro pode proporcionar. Para Blanchot, o canto das sereias convidava Ulisses a uma estranha navegação na direção da verdadeira fonte e felicidade do canto, região onde o cantar de fato começaria — lugar paradoxal onde impera o silêncio e o desaparecimento, onde a própria música se torna impossível. A enigmática promessa despertava, nos que a ela se empenhavam, a expectativa de um além maravilhoso, mas o que de fato havia era um deserto, "como se a região-mãe da música fosse o único lugar totalmente privado de música, um lugar de aridez e secura onde o silêncio, como o ruído, barrasse, naquele que havia tido aquela disposição, toda via de acesso ao canto" (Blanchot, 1959/2005, pp. 4-5).

Ulisses, com sua astúcia, resistiu ao chamado. Atado ao mastro, conteve o impulso de entregar-se e anular-se. Com o poder da técnica, o herói conseguiu vencer as sereias, "potências irreais (inspiradas)" (Blanchot, 1959/2005, p. 6), não sucumbindo à fascinante imagem. Porém, ele não saiu ileso, pois viu-se atraído à navegação da narrativa, transformando-se, assim, em Homero. A partir de então, o canto só poderia ser contado. A ode transformou-se em episódio, intervalo no qual se localiza a exigência impossível da escrita (Blanchot, 1959/2005).

Isso não é uma alegoria. Há uma luta muito obscura travada entre toda narrativa e o encontro com as Sereias, aquele canto enigmático que é poderoso graças a seu defeito. Luta na qual a prudência de Ulisses, o que há nele de verdade humana, de mistificação, de aptidão obstinada a não jogar o jogo dos deuses, foi sempre utilizada e aperfeiçoada (Blanchot, 1959/2005, p. 6).

A interpretação blanchotiana do fenômeno literário à luz do encontro com o canto das sereias, embora exposta de forma muito limitada e incompleta nas linhas anteriores, possibilita depreender que, se Ulisses resistiu ao chamado a um gozo mortífero, por outro lado algo do enigma restou preservado, reminiscência que convoca à navegação da escrita, que anima o artista e possibilita a passagem para o que Laplanche chamou de inspiração. A inspiração aponta para uma relação alteritária, nesse sentido, se a investigação e a criação partem do indivíduo, o que convoca e orienta provém do outro, movimento de abertura que o termo pretende destacar. O sujeito da inspiração é o outro adulto originário, que, em momentos privilegiados, vem reabrir o enigma (Laplanche, 2016). Na via do que seria uma produção inspirada, a proposta do presente artigo se encerra com a contribuição de Franz Kafka.

A INSPIRAÇÃO EM KAFKA

O silêncio das sereias integra o conjunto de escritos póstumos confiados por Kafka (1917/2018) a Max Brod, que lhe deu o título e o publicou em 1931. É possível associá-lo a outros três escritos que também retornam a temática da mitologia clássica: *O novo advogado*, *Prometeu* e *Poseidon*, assim como a três textos do mesmo período cujo mote é alguma narrativa consagrada: *A verdade sobre Sancho Pança* retoma Dom Quixote, *O brasão da cidade* o episódio bíblico da Torre de Babel e *Uma mensagem imperial* refere-se a uma "China de faz de conta" (Mosès, 2013, p. 297). Conforme aponta Stéphane Mosès, os escritos mencionados acima se articulam em torno de uma mesma estrutura, na qual elementos de um enredo tradicional servem de ponto de partida para novas abordagens que promovem a dessacralização dos textos canônicos, criando perspectivas originais para a cena conhecida. Os apontamentos sobre o texto de Kafka a seguir prosseguirão na rota traçada pela preciosa análise de Mosès no artigo intitulado *Ulisses em Kafka*.

Logo na primeira frase o texto kafkiano promove um deslocamento em relação à narrativa clássica: "Comprovação de que mesmo meios insuficientes, e até infantis, podem servir à salvação" (Kafka, 1917/2018, p. 617). O ponto de partida já convoca o leitor a questionar a imagem mitológica de Ulisses. O muitas-vias, epíteto do herói na fonte homérica, tem sua astúcia e suas artimanhas associadas à ingenuidade infantil. Introduzindo inovações na cena mitológica, Kafka adiciona cera ao ouvido de Ulisses e prossegue analisando, em tom zombeteiro, os recursos que anteriormente foram suficientes para salvar o herói: "... confiava plenamente no punhado de cera e no feixe de correntes, e, munido de inocente alegria com os meiozinhos de que dispunha, partiu ao encontro das sereias" (Kafka, 1917/2018, p. 617).

A astúcia de Kafka possibilita ir além do escrito canônico. Entra em campo a imaginação do autor: "acrescenta detalhes, variantes, formula hipóteses, preenche os brancos da narrativa, imagina motivações, tece a rede de causas e efeitos que subentende a ação" (Mosès, 2013, p. 310). Tais recursos produzem o efeito de desnaturalizar o mito, fazendo com que o mesmo suscite mais questões do que respostas. O episódio perde, dessa maneira, o sentido unívoco, alcançando a dimensão de enigma.

Dentre as invenções inseridas na narrativa, destaca-se o lugar atribuído às sereias. Com Kafka, elas ganharam recursos. Não se encontrando fixadas no papel de cantoras, os seres mitológicos adquirem a liberdade de cantar ou silenciar, sendo o silêncio uma arma ainda mais poderosa do que o canto. O jogo de forças se modifica. Se no confronto inicial Ulisses aparece em vantagem devido a sua astúcia e ao conhecimento dos meios para vencer as sereias, agora "aparece como ridiculamente ingênuo, e suas astúcias não são mais que testemunhos de sua inocência" (Mosès, 2013, p. 315). As sereias, por outro lado, parecem readquirir o poder perdido, não sendo mais tão fácil evitá-las: "o mundo inteiro sabia que de nada adiantava [entupir de cera os ouvidos e se acorrentar]. O canto das sereias impregnava tudo – que dirá um punhado de cera –, e a paixão dos seduzidos teria arrebentado muito mais que correntes e mastros." (Kafka, 1917/2018, p. 617).

Diante do impasse, o que deveria ser o encontro de Ulisses com as sereias adquire ares de um verdadeiro desencontro. As sereias não cantaram. Kafka propõe duas hipóteses para tal silêncio: seria um recurso mais eficaz diante de tão notável oponente ou, retomando o viés cômico, seria "porque a visão da bem-aventurança no rosto dele – que não pensava senão em cera e correntes – as tivesse feito esquecer todo o canto" (Kafka, 1917/2018, p. 618). A ignorância – e não a astúcia – de Ulisses o teria salvado, confirmando a tese do apólogo (Mosès, 2013). Sem consciência do perigo que enfrentava, seguiu confiante em direção ao seu destino. Diante de tal embaraço, as sereias "não queriam mais seduzir, mas somente apanhar ainda, pelo máximo de tempo possível, o brilho que refletia dos grandes olhos de Odisseu" (Kafka, 1917/2018, p. 618).

Antes de concluir, Kafka insere um apêndice que reabre a questão. No que seria uma segunda hipótese para o mito, Ulisses recupera sua astúcia, sendo dotado de uma razão sobre-humana que lhe permite se proteger dos deuses. Na versão kafkiana, o herói teria percebido o silêncio das sereias, mas simulado sua ignorância para se proteger do embate e assim conquistar seu objetivo. Sustentando a ambiguidade e ainda sem uma reconciliação para as hipóteses apresentadas, o texto de Kafka possibilita diversas interpretações, mas, para os propósitos deste artigo, mais relevante é a questão implícita levantada pela exegese do episódio homérico: "o mito ainda pode nos falar hoje? Sua verdade ainda pode nos atingir?" (Mosès, 2013, p. 328). Indagações que remetem diretamente ao tratamento dado por Laplanche à problemática da sublimação. "O conceito de sublimação ainda é útil, utilizável, utilizado?" (Laplanche, 2016, p. 1). Diante da interpretação do conceito como índice de uma exigência dificilmente contornável, o psicanalista segue questionando: "Isso ainda é válido? Esta é mesmo uma exigência que não podemos dispensar?" (Laplanche, 2016, p. 1). Laplanche e Kafka, cada autor a seu modo, produziram uma escrita inspirada pela escuta das lacunas e dos enigmas suscitados pelos textos canônicos, introduzindo novas questões.

CONCLUSÃO

A direção indicada ao longo deste artigo, passando pelas contribuições de Adorno e Horkheimer, Blanchot e Kafka, indicam um movimento progressivo de abertura na relação estabelecida entre os textos e o mito homérico. Como se as amarras de Ulisses fossem sendo retiradas pouco a pouco, culminando nas indagações que a obra de Kafka enseja. Se o canto das sereias é irresistível, sendo ainda mais poderoso o seu silêncio, e se o que salvou Ulisses foi sua inocência ou sua simulação, logo, ceras e correntes, recursos tão centrais no mito original, tornaram-se desnecessários. Kafka consegue, a sua maneira, subverter completamente a narrativa, retirando o mito do caráter de repetição que o caracteriza. O gesto criador do artista reacende o poder enigmático do texto canônico, endereçando uma mensagem ao nosso tempo. Com Kafka, ressoam as questões: qual o estatuto da sedução em nosso tempo? Como pensar o campo de forças envolvido na situação antropológica fundamental? As mensagens enigmáticas seguem sendo depositadas da mesma forma e suscitando as mesmas defesas? Se, conforme aponta Laplanche (2016), a psicanálise "é uma prática controlada de retirar as amarras, até da pulsão sexual de morte" (p. 11), para onde nos leva a indicação de Kafka de que em nosso tempo as amarras já não desempenham o mesmo papel?

REFERÊNCIAS BIBLIOGRÁFICAS

Adorno, T., & Horkheimer, M. (2006). Ulisses ou Mito e Esclarecimento. In *Dialética do esclarecimento: fragmentos filosóficos*. (Excurso I, pp. 47-70, G. A. Almeida Trad.). Zahar. (Trabalho original publicado em 1947).

Blanchot, M. (2005). O canto das sereias. In *O livro por vir*. (Cap. 1, pp. 3-13, L. Perroni-Moisés Trad.). Martins Fontes. (Trabalho original publicado em 1959).

Brandão, J. de S. (2015). *Mitologia Grega* (Vol. III). Vozes.

Brasete, M. F. (2006). Ulisses e o feminino: eros e epos. In *Ágora. Estudos Clássicos em Debate*, 8, 9-30. http://www2.dlc.ua.pt/classicos/Ulisses%20e%20o%20feminino.pdf

Freud, S. (2010). A conquista do fogo. In *Obras completas: O mal-estar na civilização, novas conferências introdutórias à psicanálise e outros textos (1930-1936)*. (Vol. 18, pp. 399-407, P. C. Souza

Trad.). Companhia das Letras. (Trabalho original publicado em 1932).

______. (2013). Uma recordação de infância de Leonardo da Vinci. In *Obras completas: Observações sobre um caso de neurose obsessiva ["O homem dos ratos"], Uma recordação de infância de Leonardo da Vinci e outros textos (1909-1910)*. (Vol. 9, pp. 113-219, P. C. Souza Trad.). Companhia das Letras. (Trabalho original publicado em 1910).

Homero. (2018). *Odisseia*. (C. Werner Trad.). Ubu Editora.

Kafka, F. (2018). O silêncio das sereias. In *Odisseia*. (pp. 617-618, S. Tellaroli Trad.). Ubu Editora. (Trabalho original publicado em 1917).

Laplanche, J. (1989). *Problemáticas III: a sublimação*. (A. Cabral Trad.). Martins Fontes.

______. (2016). Sublimação e/ou inspiração. *Percurso*, 56(57), 1-11. http://www.bivipsi.org/wp-content/uploads/percurso-2016-56-57-5.pdf

Matos, O. C. F. (1987) A melancolia de Ulisses. *Artepensamento*. https://artepensamento.ims.com.br/item/a-melancolia-de-ulisses/

Mosès, S. (2013). Ulisses em Kafka. *Terceira Margem (online) – ano XVII n. 28 /jul.-dez.*, 292-329. https://revistas.ufrj.br/index.php/tm/article/view/10769/7939

Werner, C. (2018). Introdução. In *Odisseia*. (C. Werner Trad.). Ubu Editora.

[1] Laplanche entende a pulsão de morte como sexual, certa continuidade com o demoníaco da pulsão sexual da primeira teoria das pulsões freudiana, que é domesticado/apagado com a concepção de Eros.

[2] Os termos ptolomaico e copernicano são utilizados por Laplanche no texto *A revolução copernicana inacabada*, que foi publicado em 1992/1993, como metáfora para falar da teoria psicanalítica e também da constituição do eu. O primeiro se refere ao modelo geocêntrico, enquanto o segundo ao modelo heliocêntrico. Se em um modelo temos o homem como centro do mundo, no outro, ele se encontra não mais no centro, mas orbitando o Sol. Retomar a teoria psicanalítica em radicalidade copernicana, então, significa dar primazia à alteridade na constituição psíquica. Em que o Eu estaria não mais no centro, mas orbitando essa alteridade interior de origem exógena.

[3] "Na loja de objetos usados", em tradução livre.

[4] "Love did not come to me - / So I vegetate like a plant, / In a cellar, without light. // Love did not come to me - / So I resound like a violin, / Whose bow has been broken. // Love did not come to me - / So I immerse myself in work, / Living myself sore from duty. // Love did not come to me - / So I gladly think of death, / As a friendly face."

[5] Esse texto tem origem a partir de um convite da Profa. Marta Rezende Cardoso para que eu ministrasse uma aula sobre o tema do extremo no Programa de Pós-Graduação em Psicanálise da UFRJ. Agradeço pela oportunidade de fazer trabalhar esse tema.

[6] Cf. https://www.sigalitlandau.com/barbed-hula-2000

[7] This act of desensitization — spinning a hula hoop of barbed wire — I performed at sunrise on a southern beach of Tel-Aviv, where fishermen and elderly people come to start their day and exercise. The beach is the only calm and natural border Israel has. Danger is generated from history into life and into the body. In this video loop, I am performing a hula belly dance. This is a personal and senso-political act concerned with invisible, sub-skin borders, surrounding the body actively and endlessly. All my work relates, in one way or another, to a loss of orientation. The pain here is escaped by the speed of the act, and the fact that the spikes of the barbed wire are mostly turned outwards.

[8] A autora comenta a performance muitos anos depois: https://youtu.be/xTBkbseXfOQ

[9] O livro está disponível aqui: https://drive.google.com/drive/folders/0B-iNWGwrRkA2R3NBSzZZaWdvMVU?resourcekey=0-Qo-xlD7SEcacF2UyOnl0vQ&usp=sharing e meu comentário sobre ele: https://youtu.be/0CqW1Gzqq-A

[10] O livro está disponível para venda em formato digital: https://amzn.to/3pcTsRN

[11] Cf. uma reunião de pesquisa sobre esse texto: https://youtu.be/GckMuV_aI8k

[12] Poderíamos falar também de Rudolf Scwarzkogler e o acionismo vienense.

[13] https://youtu.be/Qjqa6fjVuCY

[14] https://youtu.be/rTOGhVmye-A

[15] Cf. http://stelarc.org/reclining-stickman.php

[16] Cf. http://www.scottliveseygalleries.com/artists.php?ar=1565&view=news

[17] Troca de e-mails entre Fábio Belo e Gabriela Ribeiro, 14 de setembro de 2020.

[18] https://www.inhotim.org.br/blog/yayoi-kusama-a-artista-que-cria-arte-para-a-cura-da-humanidade/

[19] https://www.inhotim.org.br/item-do-acervo/yayoi-kusama/

[20] Colocar aqui o link da reportagem

[21] Série de livros de literatura lançada pela Editora Ática em 1973.

[22] Em Laplanche, as noções de Édipo e castração são exemplos de códigos tradutivos fornecidos pela cultura diante da situação antropológica fundamental, o que será aprofundado adiante.

[23] Trata-se de um poema autoral publicado no livro de poesias *Trabalho com palavras* (MALACARNE, 2022, pp. 196-197).

[24] Assim como o anterior, este também é um poema autoral publicado no livro *"Trabalho com palavras"* (MALACARNE, 2022, p. 171).

[25] Utilizamos o conceito de canção de Luiz Tatit. Ele declara em uma entrevista que a canção é a junção entre melodia e letra. Diferente da música que tem a melodia como objetivo (Canelas Neto et al, 2011).

[26] Em português utilizamos a tradução do latim "a posteriori", mas, devido à peculiaridade do termo, manteremos neste artigo a palavra em francês.

[27] Pode-se objetar que a exposição à arte não desempenhe um papel significativo quando se trata de influência na questão da estrutura psicótica. Afinal, a história está repleta de artistas psicóticos que construíram traduções admiráveis e nem mesmo todo esse recurso tradutivo impediu a psicose. No entanto, neste artigo não discordamos de tal afirmação. Os artistas psicóticos ao longo da história nos atestam que, mesmo com inúmeros recursos tradutivos, a estrutura psicótica ainda é uma possibilidade. Nossa hipótese aqui é que a falta de recursos tradutivos (como a arte, entre outros) pode aumentar a probabilidade da mensagem chegar pela via da intromissão, abrindo margem para, mas não determinando, uma estrutura psicótica.

[28] Cf. https://www.letras.mus.br/elza-soares/maria-da-vila-matilde/

[29] Sigmund Freud defende em *Três Ensaios Sobre a Teoria daSexualidade (1905/1996)* que as mais variadas formas de fazer arte (pintar, escrever,

compor, interpretar, tocar, cantar, entre outros) podem ser entendidas como substitutos da satisfação genital, ou dessexualização. A crítica de Jean Laplanche à lógica freudiana é nesse sentido. Laplanche discorda que a sublimação dê conta da dessexualização total do conteúdo pulsional. Ele acredita que algo do sexual ainda escapa durante todo esse processo.

[30] Cf. https://www.letras.mus.br/elza-soares/pra-fuder/

[31] Cf. https://www.letras.mus.br/elza-soares/mulher-do-fim-do-mundo/

[32] Coustou, Guillaume. Hércules na pira (1704). Cf. http://cartelfr.louvre.fr/cartelfr/visite?srv=car_not_frame&idNotice=4320

[33] Dali, Salvador. Cristo de São João da Cruz (1951). Cf. http://collections.glasgowmuseums.com/mwebcgi/mweb?request=record;id=1;type=101

[34] Munch, Edvard. O grito (1893). Cf. https://www.nasjonalmuseet.no/en/collection/object/NG.M.00939

[35] Kahlo, Frida. A coluna quebrada(1944). Cf. http://www.museodoloresolmedo.org.mx/english/coleccperm/gfrida.html

[36] Kahlo, Frida. O veado ferido (1946). Cf. https://pt.wikipedia.org/wiki/O_Veado_Ferido#/media/Ficheiro:O_veado_ferido_-_Frida_Kahlo.jpg

[37] Kahlo, Frida. O acidente (1926). Cf. https://artsandculture.google.com/asset/accident-september-17-1926-frida-kahlo/LgFAr4V44hbSOw?hl=pt-br

[38] Kahlo, Frida. Viva la vida (1954). Cf. http://www.museofridakahlo.org.mx/EluniversointimoINGLES.html

[39] Kahlo, Frida. Sem esperança (1945). Cf. https://andredorigo.com.br/frida-kahlo/12-sem-esperanca-1945/

[40] No ensaio citado, Freud defende a tese de que a precondição para a conservação do fogo é a renúncia ao prazer homossexual de apagá-lo com um jato de urina. "A tentativa de apagar o fogo com a própria urina significava, para o homem primitivo, uma prazerosa luta com outro falo" (Freud, 1932/2010, p. 404).